Gabriele Voigt-Papke
Gestalten mit einfachen Mitteln

Edition Sozial

Gabriele Voigt-Papke

Gestalten mit einfachen Mitteln

Kreative Techniken für Menschen mit Behinderungen

Redaktionelle Bearbeitung: Regina Humbert

3. Auflage

Die Autorin

Gabriele Voigt-Papke war Reisekauffrau, bevor sie zur Ergotherapeutin umschulte. Von 1999–2004 arbeitete sie als Ergotherapeutin in einer Werkstatt für Menschen mit geistiger Behinderung in Bad Oeynhausen, seit August 2004 ist sie in eigener Praxis mit Schwerpunktbereich Pädiatrie und Arbeit mit dem Therapiehund tätig.

Eine Veröffentlichung in Kooperation mit der Bundesvereinigung Lebenshilfe e.V.

Bibliografische Information der Deutschen Nationalbibliothek

Die Deutsche Nationalbibliothek verzeichnet diese Publikation in der Deutschen Nationalbibliografie; detaillierte bibliografische Daten sind im Internet über http://dnb.d-nb.de abrufbar.

1. Auflage 2005
2. Auflage 2011
3. Auflage 2014

www.beltz.de · www.juventa.de
Druck und Bindung: Beltz Bad Langensalza GmbH, Bad Langensalza
Druck nach Typoskript
Printed in Germany

ISBN 978-3-7799-3157-7

Inhalt

Einleitung

Während meiner Ausbildung zur Ergotherapeutin Mitte der 1990er Jahre hatte ich verschiedene Praktika zu absolvieren, unter anderem in Werkstätten für behinderte Menschen im Fachbereich Arbeitstherapie.

Es gibt sehr viele Fachbücher zu handwerklichen Techniken, die in den Arbeitsfeldern der Pädiatrie, Psychiatrie oder Rehabilitation eingesetzt werden können: wann welche Technik zu empfehlen ist, wann kontraindiziert, und welche Ziele damit erreicht werden können. Für die Arbeit mit geistig behinderten Menschen im Kreativbereich gab es dagegen so gut wie keine brauchbare Literatur. Das 1987 erschienene Buch „Ästhetische Erziehung für Behinderte" von Meike Aissen Crewett entstammte spürbar älteren pädagogischen Vorstellungen und behandelte die kreativen Techniken nur kurz, denn sein Schwerpunkt liegt auf der Darstellung verschiedener Behinderungsarten und auf Überlegungen zur Didaktik.

Ich musste also improvisieren und ausprobieren. Das war oft nicht einfach und manchmal ganz schön frustrierend. Denn anfangs hatte ich keine Vorstellung von den Fähigkeiten und Fertigkeiten der mir anvertrauten behinderten Menschen. Ich musste feststellen, dass das, was ich für eine einfache Technik hielt, für manche Menschen mit geistiger Behinderung viel zu schwierig war. Meine Arbeitsanweisungen waren ihnen nicht verständlich, und sie konnten die Aufgaben, die ich ihnen stellte, einfach nicht ausführen. Teilweise hatten diese Erwachsenen noch nie zuvor kreativ gearbeitet. Außerdem musste ich berücksichtigen, dass viele Menschen mit geistiger Behinderung ein stark aufs Konkrete bezogenes Sprachverständnis haben, das sich auf Dinge des täglichen Lebens und Arbeitsprozesse bezieht.

Viele der Techniken, die ich in meiner Ausbildung kennen gelernt hatte, waren auch den leichter behinderten Menschen größtenteils nicht bekannt und nur umsetzbar, wenn ich sie für sie adaptierte, d.h. in verständliche und nachvollziehbare Schritte gliederte. Malen konnten die geistig behinderten Menschen, aber sie kannten teilweise weder die Materialien und Hilfsmittel noch die Werkzeuge, also waren ihnen auch die Fachbegriffe fremd. Ich musste feststellen, dass einige nicht einmal einen Pinsel kannten, geschweige denn wussten, was man damit macht.

Für das weitere Vorgehen in meinen Ergotherapieangeboten überdachte ich die mir bekannten Lerntheorien und fand „Lernen am Modell" und „Lernen durch Nachahmung" am geeignetsten. Also setzte ich mich hin und führte die Techniken vor. Manche machten es spontan nach, bei anderen fing ich die Übungen mit Handführung an, bis sie in der Lage waren, die Arbeit selbstständig auszuführen. Man darf nicht vergessen, dass Menschen mit geistiger Behinderung z.B. für die Arbeiten, die ihnen in der Werkstatt offenbar problemlos von der Hand gehen, eine zweijährige Ausbildungszeit und viele Wiederholungen aller Handgriffe absolviert haben.

Wichtig bei der Auswahl einer Technik für unsere Klientel ist, dass die Arbeitsschritte einfach sind oder vereinfacht werden können, dass es nicht zu viele Arbeitsschritte sind und dass nur wenige Werkzeuge benötigt werden. Die Technik sollte leicht erlernbar sein und Erfolgserlebnisse garantieren. Außerdem sollte die Technik schnell einsetzbar sein, da die Kreativstunden in den Werkstätten für behinderte Menschen üblicherweise während der Arbeitszeit als begleitende Maßnahme stattfinden und daher zeitlich meist ziemlich begrenzt sind.

In der Anfangszeit meiner Tätigkeit als Ergotherapeutin glaubte ich, die fertigen Produkte der Kreativstunden müssten fehlerfrei sein. Was aber die Menschen mit geistiger Behinderung und ich unter einer abgeschlossenen, schönen und gelungenen Arbeit verstanden, klaffte oft auseinander. Ich lernte, die Produkte so zu akzeptieren, wie sie sind und nichts „nachzuarbeiten“. Trotz kleiner Fehler lassen sich die Produkte im Werkstattladen gut verkaufen, vielleicht macht gerade manche Unvollkommenheit ihren besonderen Charme aus.

Während der fünf Jahre meiner Tätigkeit als Ergotherapeutin in einer Werkstatt für behinderte Menschen bildete ich regelmäßig Praktikant(inn)en aus. Sie bestätigten mir immer wieder, wie hilfreich ihnen meine Aufzeichnungen in der kreativen Arbeit mit geistig behinderten Menschen sind. Meine Erfahrungen möchte ich auch darüber hinaus weitergeben. So entstand dieses Buch.

Es soll ein kleiner Leitfaden für kreatives Arbeiten im Rahmen von Arbeitstherapie sein, ist aber auch für andere Sozialberufe und ohne therapeutischen Bezug als Anleitung zu bildnerischen Techniken geeignet, also für Erzieher, Heilpädagogen, Heilerziehungspfleger, Grundschullehrer sowie interessierte Eltern, Betreuer in Wohngruppen oder Gruppenleiter in WfbM.

Ich habe den relativ kurzen theoretischen Teil einfach und auch für Laien verständlich abgefasst. Im Vordergrund dieses Buches stehen die kreativen Techniken. Für Ergotherapeuten gibt es ein eigenes kleines Kapitel über ergotherapeutische Zielsetzungen und Formen der Wahrnehmung.

Das Buch versteht sich als Arbeitshilfe, um Menschen mit geistiger Behinderung verschiedene bildnerische Techniken zugänglich zu machen und Voraussetzungen für die Entfaltung ihrer Kreativität zu schaffen. Der umfangreiche Praxisteil vermittelt schnell alle wichtigen Kenntnisse für die Planung und Durchführung einer neuen Technik. Im Text dazu wird auch Hintergrundwissen aus der Ergotherapie angesprochen.

Ich spreche in diesem Buch meistens von Menschen mit Behinderung(en). Gemeint sind damit Menschen, die zusätzlich zur geistigen Behinderung auch körperlich eingeschränkt sind. An meiner Arbeitsstätte begegne ich vielen sehr schwer und mehrfach behinderten Menschen. Auch ihnen möchte ich mit geeigneten Techniken den Zugang zu ihrer Kreativität eröffnen helfen.

Wenn in diesem Buch immer wieder von Ergotherapie die Rede ist, hängt das natürlich mit meiner beruflichen Ausrichtung und den dabei gewonnenen Erfahrungen zusammen, die aber ausdrücklich auch denen von Nutzen sein sollen, die ohne rehabilitative Fernziele einfach mit Freude kreativ gestalten wollen.

Erschließung von Handlungs- und Verhaltensspielräumen

H. bedruckt einen Bogen Paketpapier mit Hasen. Er druckt zuerst rote, dann gelbe Hasen. Der Druck gelingt. Beim Versuch, grüne Hasen zu drucken, fehlt allen Hasen je ein Ohr. H. schließt daraus, dass sich Hasen nicht mit grüner Farbe drucken lassen und wendet sich wieder der gelben Farbe zu.

Die Ursachen von Behinderungen sind vielfältig. Es kann sich unter anderem um Genschädigungen, frühkindliche Hirnschädigungen z.B. durch Sauerstoffmangel während der Geburt, Schädigungen des Zentralnervensystems, Anfallsleiden (Epilepsie), chromosomale Schädigungen (z.B. Trisomie 21) oder hirnorganische Erkrankungen unterschiedlichster Genese handeln. Daraus resultieren Lebenserschwernisse unterschiedlichen Grades. Nicht immer kann geklärt werden, ob Behinderungsfolgen körperliche Ursachen haben oder umweltbedingt entstanden sind. Mit Therapien versuchen wir, eine bessere Funktionalität zu erreichen, um dem betroffenen Menschen einen größeren Handlungsspielraum zu eröffnen. Wir können leider keine Behinderung damit wegtherapieren, aber individuelle Potenziale zugänglich machen.

In der Ergotherapie suchen wir nach Angeboten, mit denen wir die durch Behinderung oder Umwelteinflüsse bedingten Erschwernisse, Probleme und Schädigungen positiv beeinflussen können. Je nach individueller Ausgangssituation geht es um

1. Förderung der Wahrnehmung (visuell und auditiv)
2. Förderung der Sensomotorik
3. Förderung der sensorischen Integration
   - beim Erfassen von Zusammenhängen
   - bei den alltäglichen Verrichtungen
   - bei geringerem Vorstellungsvermögen
4. Anpassung an eine eingeschränkte Hirnleistungsfähigkeit
   - kognitive Erschließung von Sachverhalten
   - Sprachförderung

- verbesserte Handlungsplanung
- Konzentrationsübungen
- Ausdauerübungen
- Erprobung der Selbstständigkeit
- Erprobung der Eigenverantwortung
- Erschließung des Verständnisses von Arbeitsabläufen

5. Verbesserung der Grobmotorik bei
   - pathologischen Bewegungsmustern
   - Störungen der Bewegungskoordination
   - Störungen der Hand-Auge-Koordination (Visuomotorik)
   - Einsetzen nur einer Hand
   - gestörtem Zusammenspiel der Hände
   - Figur-Grund-Wahrnehmungsstörungen
   - Verminderung der Oberflächen- und Tiefensensibilität
   - Störungen der Raumwahrnehmung
   - Störungen der vestibulären Verarbeitung (Gleichgewicht)
   - gestörter Körperwahrnehmung
6. Unterstützung in der Findung und Umsetzung persönlicher Interessen, Eignungen und Neigungen im Arbeits- und Freizeitbereich
7. Unterstützung und Verhaltensalternativen bei
   - Hyperaktivität oder Passivität
   - Aggressivität
   - Autoaggressivität
   - Zwangssymptomen oder Stereotypien

Die in diesem Buch gezeigten kreativen Techniken sind geeignete Übungen für viele der folgenden Bereiche:

Motorische Fähigkeiten

1. Sensomotorischer Bereich:
   - Hand-Auge-Koordination
   - Handhabung von Werkzeugen und Material
   - grobmotorische Entwicklung
   - Haptik durch Oberflächensensibilität (Tastsinn) und Tiefensensibilität Fühlen von Materialien und Werkzeugen)
   - feinmotorische Entwicklung
     - Hand- und Fingerfertigkeit (Manuelle Geschicklichkeit)
     - Treffsicherheit z.B., mit dem Pinsel den Farbtopf treffen
   - Körperbewusstsein
   - Gleichgewicht
   - Bewegung
   - Raum-Lage-Wahrnehmung

2. Psychomotorischer Bereich:
   - Stärkung der Belastbarkeit (Durchhaltevermögen, Ausdauer, Konzentration)
   - Verarbeitung und Abbau von Aggressionen
   - Lösung von Verkrampfungen (Hand-, Arm-, Nackenmuskulatur)

Kognitive Fähigkeiten

1. Wahrnehmung:
   - visuell, auditiv, olfaktorisch, gustatorisch
   - Zeit
   - Selbstausdruck
   - Wahrnehmungskonstanz
2. Arbeitseinstellung:
   - Ausdauer
   - Konzentrationsfähigkeit
   - Aufmerksamkeit und Merkfähigkeit
   - selbstständiges Arbeiten
   - Befolgen von Anweisungen, Aufgabenverständnis

Soziale Fähigkeiten

- Sozialverhalten (Rücksicht im Verhalten zu anderen Personen und im Umgang mit den Materialien)
- Kooperationsfähigkeit (Ideen und Material abgeben können)
- Kommunikationsfähigkeit (Toleranz/Rücksichtsnahme)

Emotionale Fähigkeiten

- Emotionen zulassen
- Steigerung des Selbstvertrauens und des Selbstwertgefühls
- Geduld
- Interesse und Bedürfnisse artikulieren lernen
- Freude am Gelingen der Arbeit
- Arbeitsintensität
- Gruppenbeziehungen eingehen
- Zurückgezogensein aufgeben
- Sicherheit im Umgang mit anderen Personen, Material und Werkzeug
- Freude am Umgang mit dem Material
- Problemlöseverhalten
- Hyperaktivität abbauen
- Bereitschaft, Regeln zu übernehmen
- Bereitschaft, Ordnungen anzuerkennen

Zur Vorbereitung der kreativen Arbeit

Bei Menschen mit Behinderung ist oft die Wahrnehmung gestört oder begrenzt und damit auch die Fähigkeit zur Abstraktion nachhaltig beeinflusst. Raum-Körper- und Bewegungsgefühle eines Menschen mit Behinderung sind nicht mit denen nichtbehinderter Menschen vergleichbar. Menschen mit Behinderung haben oft eine gestörte Körperwahrnehmung (Raum-Lage). Das kann sich z.B. in Zeichnungen niederschlagen, wenn sie etwa aufgefordert werden, sich selbst zu malen, entspringen oft die Arme oder Beine direkt dem Kopf. Es entstehen die bekannten Kopffüßler. Ein Haus kann in der Luft hängen, ein Baum ebenfalls, die Sonne ist auf dem Boden. Die meisten unserer behinderten Beschäftigten malen allerdings im Kritzelstadium wie es Kinder in ihren frühen Malübungen tun. Bei vielen wird es immer bei dieser Technik bleiben. Das Kritzeln ist sichtbar gewordene Bewegung, und so kann ein Mensch mit Behinderung sich sensomotorisch ausdrücken und bestätigen. Durch längeres Verweilen im Kritzelstadium prägt sich der Tastsinn aus, und ständig neue Raumerfahrungen fördern die Weiterentwicklung.

Genauso wie nichtbehinderte Menschen haben Menschen mit Behinderung ein kreatives Potential und Freude an Kreativität. Das sollte entdeckt und gefördert werden. Wenn die kreative Arbeit auch zur Förderung kognitiver Fähigkeiten beitragen soll, müssen Kreativprogramme für Menschen mit Behinderung einen konkreten, praktischen Ansatz haben. Durch eine breite Skala bildnerischer und motorischer Aktivitäten werden die Körperwahrnehmung, das Denken und die manuelle Geschicklichkeit gefördert.

Im Vordergrund der Ergotherapie in Werkstätten für behinderte Menschen stehen Beherrschung und Einsatz von Werkzeugen und Materialien, aber auch Fragen von Motivation und Arbeitshaltung. Vor allem setzen wir Techniken ein, die vom kognitiven Niveau her sehr einfach sind. Dabei geht es immer um eine Balance zwischen Unterschätzung und Unterforderung einerseits und Überschätzung und Überforderung andererseits.

Spastische Bewegungen der Glieder behindern die motorische und sensorische Entwicklung erheblich. Hier steht die Förderung der (Selbst-)Wahrnehmung sowie der Grob- und Feinmotorik im Vordergrund. Immer werden die grobmotorischen vor den feinmotorischen Fähigkeiten trainiert.

Es wird Geduld bei der Arbeit mit Menschen mit Behinderung benötigt, da sie wesentlich langsamer arbeiten. Öfter wird die Hilfestellung der Ergotherapeutin nötig sein. Schon die Aufgabenstellung muss angepasst sein, denn manche Menschen mit Behinderung können abstrakte und komplexe Aufträge (z.B.: „Drucke Blumen!“) schlechter umsetzen als konkrete („Nimm ein Blatt Papier!“), mit denen der Arbeitsgang Schritt für Schritt aufgebaut wird.

Durch den Umgang mit Werkzeug und Materialien werden handwerkliche Fähigkeiten erworben und gefördert. Viele Wiederholungen im Umgang damit helfen, Techniken sachgerecht zu erlernen und zu vertiefen, fördern zugleich Konzentration und Ausdauer. Neue Techniken motivieren. Sie wecken die Neugier. Sie haben Aufforderungscharakter.

Beste Motivation ist, wenn die Menschen mit Behinderung selbst Freude an der Technik haben.

Als Ergotherapeutin muss ich überlegen, ob der Mensch mit Behinderung Konzentration oder Entspannung, Anregung oder Bestätigung braucht, und dementsprechend das Angebot der ergotherapeutischen Stunde auswählen. Dafür muss ich den Fördergehalt der jeweiligen Technik genau kennen und auch einschätzen, wann Einzel- oder Gruppenarbeit pädagogisch wirksam ist. Nur so können das Selbstwertgefühl, das Arbeits- und Sozialverhalten und natürlich das handwerkliche Geschick des Menschen mit Behinderung erfolgreich gefördert werden. Im Mittelpunkt der Planung steht immer der Mensch mit Behinderung mit seinen Gefühlen, Vorstellungen und Interessen. Seinen Bedürfnissen muss sich die Auswahl der Techniken anpassen. Ausgang und Ziel ist der behinderte Mensch.

Als Ergotherapeutin muss ich bedenken, dass

- Menschen mit Behinderung mehr Zeit benötigen als nichtbehinderte Menschen;
- Fertigkeiten sehr lange geübt werden müssen;
- evtl. Handführung nötig ist;
- man Alternativangebote in petto hat, wenn die gestellte Aufgabe abgelehnt wird oder nicht ausgeführt werden kann;
- Menschen mit Behinderung besonders auf Körperkontakt reagieren, – dies sollte für den Beziehungsaufbau genutzt werden;
- zur Förderung der Hand- und Fingerbewegungen das Reißen von Papier besonders zu empfehlen ist (und auch Spaß macht).

Es ist nicht die kreative Technik allein, die in Ergotherapiestunden wirksam wird. Auch Einflüsse, die man im weitesten Sinn als Umwelteinflüsse bezeichnen kann, wirken sich als kreativitätsfördernde und kreativitätshemmende Faktoren aus.

Kreativitätsfördernde Faktoren sind:

- Ruhe
- Zeit
- ausreichend Platz
- Wiederholung und Vertiefung der Technik
- Schutz vor Störfaktoren
- Lob und Anerkennung
- Wertschätzung der Arbeiten
- Neugierde wecken und wach halten
- Motivation

Kreativitätshemmende Faktoren sind:

- Unruhe
- zu wenig Platz
- ständige Störungen
- Geringschätzung
- zu wenig Zeit
- Langeweile, Monotonie

Zur Auswahl der Technik

Vor Auswahl einer Technik empfiehlt es sich, die folgenden Fragen zu klären:

- Welche Behinderung liegt vor?
- Wie ist der Entwicklungszustand, der Istzustand?
- Welche Fähigkeiten beherrscht dieser Mensch mit Behinderung?
- Welche Vermittlung soll im Vordergrund stehen: Technik, Gestaltung oder soziales Miteinander?
- Welche Vorstellungen oder emotionale Kräfte sollen geweckt werden?
- Ist die ausgewählte Technik eher kreativitätsfördernd oder fördere ich damit handwerkliche Fertigkeiten (im Sinne von präziser, erprobter Technik)?
- Welche Technik ist kompetenzzentriert, ausdruckszentriert oder interaktionell?
- Welche Ziele strebe ich (die Therapeutin) an?
- Welche Fähigkeiten und Fertigkeiten will ich fördern?
- Kann und will der behinderte Mensch die technischen Anforderungen bewältigen (Umgang mit Werkzeug und Material)?
- Ist Hilfestellung nötig?
- Muss ich Werkzeug adaptieren?
- Welche Gefahren birgt die Technik (Verletzungsgefahr)?

Ganz praktisch geht es dann zu den Merkpunkten für die Arbeitsplatzgestaltung:

- Stühle bereitstellen
- Tischflächen – wenn nötig – abdecken
- Beschaffung von Werkzeug und Material aus den Schränken
- Anrühren von Farben und Kleister
- Material in Schüsselchen, Gläser oder Teller aufteilen
- Wasserbehälter bereitstellen
- Papier bereitlegen
- Schürzen, Kittel und Lappen bereitlegen
- auf Verletzungsgefahr achten, z.B. beim Umgang mit Wachskerzen (Tropftechnik) Wassereimer und Wolldecke greifbar platzieren
- Herrichten von Trockenplätzen zur Ablage der fertigen Arbeiten

Schließlich können individuelle Anpassungen, d.h. Variationen oder Vereinfachungen bei der Auswahl der Arbeitsmaterialien nötig sein, z.B.:

- Pinsel mit langem Griff sind einfacher zu handhaben
- für Menschen mit Behinderung, die Probleme beim Greifen des Pinsels haben, kann man die Grifffläche vergrößern, indem man Stoff oder Schaumgummi um den Griff wickelt
- Pinselersatz können Deoroller, Wattestäbchen, Schwamm, alte Zahnbürste oder Quetschflaschen sein

Schließlich ist für eine gelingende kreative Arbeit auch wichtig, dass die Ergotherapeutin bzw. der Ergotherapeut selbst Freude an der Technik hat. Sie müssen die Technik beherrschen, d.h. auf jeden Fall selbst erprobt haben, um Werkzeug und Materialbeschaffenheit zu kennen. Aus diesen Erfahrungen leiten wir die Aufgabenstellung ab und denken über den methodischen Ansatz nach.

Zielsetzungen mit Bezug zur Arbeit der Werkstatt für behinderte Menschen

Da im Folgenden die Lerninhalte der kreativen Techniken allgemein abgefasst sind, möchte ich hier noch auf ergotherapeutische Zielsetzungen in Bezug auf die Arbeitstherapie hinweisen:

Durch die kreativen Techniken kann auch ein Bezug zur Arbeit hergestellt werden, indem *Grundarbeitsfähigkeiten* wie

- selbstständiges genaues und sauberes Arbeiten,
- Ausdauer,
- Konzentration,
- Aufmerksamkeit,
- Merkfähigkeit,
- Aufgabenverständnis,
- Befolgen von Anweisungen,
- Geschicklichkeit und
- Flexibilität

mehr oder weniger spielerisch geübt werden.

Soziale Fähigkeiten wie

- Sozialverhalten,
- Kooperations- und Kommunikationsfähigkeit sowie
- Entscheidungsfähigkeit
- Nähe und Distanz tolerieren,

und auch *emotionale Fähigkeiten* wie

- Antrieb, Motivation,
- Geduld,
- Problemlöseverhalten,
- Frustrationstoleranz,
- Ausdruck von Gefühlen wie Freude, Wut,
- Steigerung des Selbstvertrauens und des Selbstwertgefühls,
- Regeln und Ordnungen anerkennen,
- Interessen und Bedürfnisse äußern

gehören ebenfalls zu den Zielsetzungen in der Arbeitstherapie.

Die *motorischen Fähigkeiten* nehmen in der Arbeitstherapie einen geringeren Stellenwert als in anderen ergotherapeutischen Bereichen ein. Wichtig sind aber trotzdem

- die manuelle Geschicklichkeit,
- die Handhabung von Werkzeugen und Material,
- die Hand-Hand- und Hand-Auge-Koordination,
- das Training der Muskulatur,
- die Lösung von Verkrampfungen der Muskulatur und
- eine angemessene Kraftdosierung.

Die kreativen Techniken

Drucktechniken

Drucken gehört zu den ältesten bekannten kreativen Techniken der Menschheit. Funde früher menschlicher Kultur sind z.B. die Abdrücke von Händen aus den Höhlen der Altsteinzeitmenschen und Schnurkeramiken (also Materialabdrücke) aus der Jungsteinzeit. Drucken „passiert“ im Alltäglichen, wenn wir etwa mit der nassen oder verschmierten Hand gewollt oder nicht gewollt erwünschte oder unerwünschte Spuren hinterlassen. Wir können fast nicht anders, als druckend zu gestalten.

Es gibt die verschiedensten Drucktechniken, von denen in der Ergotherapie die einfacheren wie Stempeldruck, Fingerdruck, Hand- oder Fußabdruck oder Pinseldruck zum Einsatz kommen.

Druckstöcke können aus den unterschiedlichsten Materialien herstellt werden, z.B. aus Kartoffeln, Moosgummi, Radiergummi oder Pappe. Zum Drucken eignen sich auch Wattestäbchen, Eierkartons, Pinsel und natürlich Finger, Hände und Füße.

Als zu bedruckende Materialien bieten sich diverse Papiersorten, Packpapier, Tapete und einfarbiger Stoff an.

Stempeldruck (siehe Abb. 1)

Der Stempel ist ein Druckelement, das, mit Farbe versehen auf Papier oder Stoff gepresst, seine Form und Struktur sichtbar werden lässt.

Stempel gibt es zu kaufen, z.B. in der Malerabteilung eines Baumarkts. Sie können aber auch selbst hergestellt werden. Hierzu eignen sich Kartoffeln, Radier- oder Moosgummi, Eierkartons und Pappe.

Zwecks Stempelherstellung, z.B. aus Moosgummi, wird ein Motiv auf das Material aufgemalt und ausgeschnitten. Dann wird das Motiv doppelseitigem Klebeband auf ein Stück Holz geklebt, das zum besseren Greifen mit einem Holzgriff versehen werden kann. Bei Kartoffeln wird das Motiv mit einem Messer in die gerade Fläche einer angeschnittenen Kartoffel geschnitten.

Die Herstellung des Druckstocks wird meist von der Ergotherapeutin übernommen, da die behinderten Teilnehmer(innen) der Ergotherapiestunden oft weder mit der Schere noch mit dem Messer umgehen können.

Zum Bedrucken eignen sich diverse Papiersorten, Packpapier, Tapete und auch Stoff. Sehr beliebt sind Stofftaschen, T-Shirts und Schürzen, weil die fertigen Stücke selbst getragen werden können. In den Stofftaschen bringen die Beschäftigten z.B. täglich ihre Frühstücksdose mit zur Arbeit oder sie haben ihr Sportzeug darin, wenn die Gymnastikstunde ansteht. Ein selbst bedrucktes T-Shirt ist ein individuelles Kleidungsstück, das nicht jeder hat.

Die Schürzen tragen sie zu den Arbeiten in der Küche ihres Wohnbereichs. Dort ist es üblich, dass die Bewohner zu den Mahlzeiten einfache Arbeiten wie Tischdecken und Abräumen, Spülen, Abtrocknen, Müll rausbringen übernehmen.

Packpapier wird der Jahreszeit entsprechend mit Motiven bedruckt, z.B.

- Hasen, Küken und Eier zu Ostern,
- Herzen zum Muttertag,
- Blätter und Igel im Herbst,
- Tannenbäume zu Weihnachten.

Die bedruckten Packpapierbögen werden im Werkstattladen als Geschenkpapier verkauft.

Materialien und Werkzeug:

- Stempel
- Tapeten, Packpapier, diverse Papiersorten, einfarbige Stoffe
- Plakafarbe, Stoffmalfarbe
- Pinsel
- evtl. Schwamm
- unterschiedliche Griffe für feinmotorisches Arbeiten

Beschreibung der Technik:

– mit dem Pinsel Farbe auf den Stempel auftragen

Variation:
– Stempel zum Einfärben auf einen Schwamm drücken
– abdrucken

Lerninhalte:

– Einhaltung aufeinander folgender Arbeitsschritte
– Farb- und Stempelauswahl
– Hand-Auge-Koordination
– Farb-, Struktur- und Formunterscheidung
– Feinmotorik durch Anmalen des Stempels mit dem Pinsel
– Tiefensensibilität durch Drucken
– Figur-Grund-Wahrnehmung

Materialerfahrung:

– nicht zu viel Farbe nehmen
– Farbe darf nicht zu wässrig sein, da sonst die Struktur nicht sichtbar ist bzw. verläuft

Mögliche Arbeitsaufträge:

– Bedrucke mit zwei verschiedenen Stempeln das Paketpapier, die Stofftasche, das T-Shirt, die Schürze.
– Stelle Karten zum Thema Weihnachten, Ostern, Herbst, Geburtstag etc. her.
– Drucke eine Bildergeschichte aus mindestens fünf Bildern.

Anwendungsmöglichkeiten:

Karten, Bilder, Geschenkpapier, Stofftaschen, T-Shirts, Schürzen

Pinseldruck

Der Pinseldruck ist der Klecks oder die Spur, die man durch Auflegen oder Aufdrücken des nassen Pinsels auf das Papier erhält. Sowohl Haar- als auch Borstenpinsel sind dazu geeignet. Haarpinsel verformen sich leicht, während Borstenpinsel mehr Widerstand bieten. Es braucht etwas Übung, damit der Druck nicht zu nass wird.

Die Technik eignet sich dazu, behinderten Menschen zu zeigen, dass ein Pinsel nicht nur zum Malen benutzt werden kann. Anstelle von Pinseln können auch Wattestäbchen verwendet werden.

Der Pinseldruck eignet sich hervorragend zur Musterbildung. Wenn z.B. Pinselabdrucke in einer Reihe angelegt werden, entsteht eine dünne Schlange. Indem eine Reihe darunter und eine Reihe darüber setzt wird, bekommt die Schlange mehr Umfang. Der Kopf der Schlange entsteht, indem an einem Ende in die Runde gearbeitet wird. Für den Schwanz wird an dem anderen Ende noch ein Pinseldruck gesetzt.

Eine Schnecke entsteht, wenn man in der Mitte anfängt und dann spiralig nach außen geht.

Die Schuppen eines Fisches oder das Federkleid eines Vogels kann man ebenfalls drucken, indem man Schuppe für Schuppe oder Feder für Feder aneinander reiht.

Materialien und Werkzeug:

- diverse Papiersorten
- Plakafarbe, Wassermalfarbe
- Pinsel
- Glas mit Wasser

Beschreibung der Technik:

- mit dem Pinsel Farbe anrühren und aufnehmen
- auf dem Papier abdrucken (Pinsel mit der Spitze aufsetzen und zum Schaft hin abrollen)

Variation:
statt Pinsel können auch Wattestäbchen benutzt werden

Lerninhalte:

- Erlernen einer Drucktechnik im Umgang mit dem Pinsel
- Feinmotorik beim Ansetzen des Pinsels an der Spitze und Abrollen zum Schaft hin
- Tiefensensibilität beim Drucken
- Hand-Auge-Koordination
- Figur-Grund-Wahrnehmung
- Farbauswahl
- Kreativität und Phantasie durch Farb- und Mustergestaltung

Materialerfahrung:

- Farbe darf nicht zu wässrig sein, da sonst die Struktur nicht sichtbar ist bzw. verläuft
- nicht zu viel Farbe nehmen
- Bildausschnitte können auch für Karten genutzt werden

Mögliche Arbeitsaufträge:

- Drucke mittels Pinsel ein Bild, verwende verschieden dicke und unterschiedliche Pinsel (Haarpinsel, Borstenpinsel).
- Drucke einen Fisch, eine Schlange, eine Schnecke.

Anwendungsmöglichkeiten:

Karten, Bilder

Finger-, Hand- oder Fußabdruck (siehe Abb. 2)

Fingerdruck bzw. Hand- oder Fußabdruck eignen sich besonders zur Förderung der sensorischen Wahrnehmung. Die Körperwahrnehmung wird insgesamt geschult. Beim Fußabdruck kommt es zusätzlich zu einer Förderung des Gleichgewichtssinns. Werden gleichzeitig Hand- und Fußabdrücke auf einem Stück Tapete gemacht, wird auch die Bewegung gefördert.

Große Freude bereitet den behinderten Menschen ein Gruppenbild aus Handabdrucken in verschiedenen Farben auf einem Stück Tapete, das mit dem jeweiligen Namen versehen, gerahmt und dann in der Wohngruppe aufgehängt wird, wo sie es täglich betrachten können: „Das da ist meine Hand, das bin ich, das ist ein Teil von mir."

Noch mehr Spaß gibt es bei den Fußabdrücken. Da kann jeder Spuren hinterlassen, indem er mit den mit Fingermalfarbe bemalten Füßen über eine ausgerollte Tapetenrolle läuft. Mit viel Spaß, aber auch viel Geschick und Balance ist der Vierfüßlergang verbunden, also auf beiden Händen und beiden Füßen gleichzeitig über die Tapete zu gehen.

Auch das hinterher notwendige Säubern der Füße im Fußbad ist ein besonderes Erlebnis und eine basale Stimulation, d.h. eine Anregung, die weit über den momentanen Effekt hinaus belebt.

Materialien und Werkzeug:

- Tapeten, Packpapier, diverse Papiersorten
- Fingermalfarbe, Wassermalfarbe
- Pinsel
- Schale mit Wasser
- evtl. Schwamm

Beschreibung der Technik:

- Beim Fingerdruck den Finger erst ins Wasser, dann in die Wassermalfarbe tunken.
- Finger nun auf dem Papier abdrucken. Hinterher Verzierung mit Bunt- oder Filzstiften möglich, z.B. aus den Abdrücken Blumen, Fische, Mäuse etc. malen.
- Beim Hand- oder Fußdruck Hand- oder Fußflächen mit dem Pinsel mit Farbe anmalen, Hand oder Fuß auf Papier oder Tapete abdrucken.
- Hinterher gründliches Waschen von Fingern, Händen und Füßen

Variation:
Mit Farbe getränkten Schwamm wie ein Stempelkissen einsetzen

Lerninhalte:

- Tiefensensibilität durch Abdrucken
- Oberflächensensibilität durch Finger, Hände, Füße sowie durch
- Arbeiten mit dem Schwamm
- Figur-Grund-Wahrnehmung (das ist meine Hand, mein Fuß)
- Körperbewusstsein (Wo sind meine Finger, Hände, Füße?)
- Wahrnehmungsschulung durch Erkennen unterschiedlicher Abdrucke (Fingerstruktur erfahren)
- Bewegungskoordination beim Abdrucken
- Gleichgewicht beim Abdrucken der Füße
- Raum-Lage-Wahrnehmung (Stellung des Körpers im Raum)
- Basale Stimulation
- Freude und Spaß
- hoher Aufforderungscharakter

Materialerfahrung:

- Farbe darf nicht zu wässrig sein, da sonst die Struktur nicht richtig sichtbar wird bzw. die Farbe verläuft
- Nicht zu viel Farbe nehmen.

Mögliche Arbeitsaufträge:

- Gestaltung eines Gruppenbildes mit den Handabdrücken der Gruppenteilnehmer. Das Bild soll als Dekoration in einer Abteilung der Werkstatt für behinderte Menschen aufgehängt werden.
- Herstellung eines Bildes mittels Fingerdruck zum Thema Tiere, z.B. Fische, Vögel, Mäuse.

Anwendungsmöglichkeiten:

Gruppenbild, Bilder, Karten, direkte Tapetengestaltung

Die Technik eignet sich besonders zur Gruppenarbeit. Blinde Menschen können bei dieser Technik über den Tastsinn ihren Körper erfahren.

Abreibetechnik, Blättertechnik

Herbstzeit – die richtige Zeit für Blätterdruck. Im Herbst fallen sie buchstäblich von den Bäumen, losgerissen durch den Wind oder den Sturm. Man braucht sie nur noch aufzusammeln. Schön ist ein mehr oder weniger langer Spaziergang durch den bunt verfärbten Blätterwald. Spaziergänge sind eine Abwechselung vom Arbeitsalltag und bereiten nicht nur behinderten Menschen sehr viel Freude. Einzigartig ist der Geruch des feuchtes Laubs. Im Wald gibt es Blätter in den verschiedensten Farben und vor allen Dingen mit den unterschiedlichsten Formen. Die Blätter fühlen sich auch unterschiedlich an: Sie haben sich zum Teil eingerollt, sind trocken und bröckelig oder glatt und fest. Sie sind unterschiedlich groß und haben jedes eine andere Struktur der Form und der Blattgefäße.

Blätterdruck kann man natürlich zu jeder Jahreszeit machen. Im Frühjahr oder Sommer werden die Blätter von den Bäumen gepflückt, und im Winter könnte auf künstliche Blätter, die man im Blumenladen oder in der Gärtnerei kaufen kann, zurückgegriffen werden.

Materialien und Werkzeug:

- Blätter
- Papier, Packpapier, Tapete
- Wassermalfarben
- Anreibepapier, z.B. Butterbrotpapier, Seidenpapier
- Pinsel
- Glas mit Wasser

Beschreibung der Technik:

- Blätter mit Wassermalfarbe einstreichen
- auf das Papier legen
- mit Anreibepapier abdecken und andrücken

Lerninhalte:

- Form-, Struktur- und Farbdifferenzierung
- Tiefensensibilität und Feinmotorik durch Andrücken und Anreiben der Blätter
- Oberflächensensibilität durch Fühlen der Blätter
- Figur-Grund-Wahrnehmung
- Umwelterleben
- Raum-Lage-Wahrnehmung durch Aufsammeln der Blätter

Materialerfahrung:

- Die Blätter müssen noch frisch sein. Sie brechen sonst.
- Farbe nicht zu nass und nicht zu dick auftragen, sonst schmiert es.
- Anreibepapier verhindert Schmieren und Verrutschen der Blätter.

Mögliche Arbeitsaufträge:

- Gestalte mit drei verschiedenen Blättern und genauso vielen Farben ein Bild.
- Fertige einen Bogen Geschenkpapier an.

Anwendungsmöglichkeiten:

Bilder, Geschenkpapier, Collage

Rolltechnik (siehe Abb. 3)

Mit der Rolltechnik können auch sehr schwer und mehrfach behinderte Menschen auf einfache Art und Weise Bilder herstellen. Jedes ist ein Unikat!

Verschiedene Farben werden auf eine Acrylglasplatte aufgebracht. Eine Acrylglasplatte ist gegenüber einer Glasplatte von Vorteil, weil sie nicht so scharfe Kanten hat und somit kaum Verletzungsgefahr besteht.

Es eignen sich besonders Acrylfarben, weil sie sehr ausdruckstark sind. Sie leuchten und hinterlassen, weil sie schnell trocknen, oft eine außergewöhnliche Struktur.

Über die Farbe wird ein Stück Papier gelegt. Nun wird mit einem Farbroller darüber gerollt. Jetzt das Blatt Papier schnell abziehen. Fertig ist das Gemälde.

Neuerdings gibt es in Baumärkten in der Abteilung für Malerbedarf Rollen, mit denen Muster auf Tapeten und Wände aufgebracht werden können, da die Rollen mit Stoffstücken oder Folie umwickelt sind. Mit ihnen können Wände ebenso „angestrichen“ werden wie mit einem einfachen Farbroller, aber die Farbfläche erhält eine Struktur.

Für unsere Bilder wird die Farbe auf der Acrylglasplatte mit dem strukturgebenden oder gemusterten Farbroller breitgewalzt. Dann wird ein Blatt Papier darauf gelegt und mit einem sauberen Farbroller angedrückt. Nun das Papier abziehen. Die Strukturen des gemusterten Farbrollers werden sichtbar.

Alternativ kann man die Farbe mit einem einfachen Farbroller ausrollen und dann entweder Schablonen darauf legen oder etwas mit einem Schaschlikspieß in die Farbe malen, bevor man abdruckt. Diese Konturen werden dann auch sichtbar. Diese Alternative eignet sich für leichter behinderte Menschen.

Materialien und Werkzeug:

- Papier
- Acrylfarben
- Acrylglasplatte
- Farbroller (Malerbedarf)

Beschreibung der Technik:

- Acrylfarbe auf die Acrylglasplatte aufbringen
- Papier darauf legen
- mit dem Farbroller auswalzen
- Papier abziehen

Variationen:
Papier mit Händen, Bürste oder Löffel statt mit dem Farbroller andrücken

Lerninhalte:

- Farbauswahl
- Kreativität und Phantasie durch Farbgestaltung
- Tiefensensibilität durch Rollen
- Figur-Grund-Wahrnehmung

Materialerfahrung:

- nicht zu viel Farbe nehmen, sie quetscht sonst beim Ausrollen unter dem Papier hervor
- Papier schnell abziehen, da die Farbe schnell trocknet
- Acrylglasplatte rechtzeitig abwaschen, getrocknete Farbe lässt sich nur schwer entfernen

Mögliche Arbeitsaufträge:

Gestalte ein Bild mit Rolltechnik. Verwende mindestens drei Farben.

Anwendungsmöglichkeiten:

Bilder, Karten

Wachsmaltechniken

Wachsmalstifte werden gern als erstes Malwerkzeug für Kleinkinder angeboten. Wachs bricht nicht, trocknet nicht aus und verbleicht auch nicht. Wachs hinterlässt dicke, breite Spuren auf dem Papier, Farbflächen sind leicht anzulegen. Die Farbe leuchtet intensiv.

Wachsmalstifte gibt es in Stiftform, in Birnenform oder in Blöcken. Blöcke lassen sich leicht variieren. Werden sie mit doppelseitigem Klebeband auf einen Holzklotz geklebt, entsteht eine vergrößerte Arbeitsfläche, und die Griffigkeit kann angepasst werden.

Wachsmalblöcke sind wie ein Spielzeug, das man greifen kann, und dazu sind auch die meisten Menschen mit schwerer Behinderung in der Lage. Die differenzierte Haltung eines Stifts ist nicht erforderlich, es genügt ein Faustschluss. Beim Kauf der Stifte sollte man auf Qualität achten.

Wachs hat besondere Eigenschaften, z.B. schmilzt es bei Wärme. Wachsfarbe kann gebügelt und zum Verlaufen gebracht werden, man kann es mit dem Finger oder einem Radiergummi verwischen oder mit einem Schabwerkzeug Muster aus geschichteten Wachsflächen herauskratzen, folglich gibt es die verschiedensten Wachsmaltechniken, mit denen sich Dank der Leuchtkraft der Farben sehr schöne Bildeffekte erzielen lassen. Recht einfach auszuführen sind z.B. Wachsbügeltechnik, Wachsbatik, Wachsradieren, Wachswischtechnik, Sgraffito oder Rubbeltechnik.

Rubbeltechnik (siehe Abb. 4)

Eine unter dem eigentlichen Malgrund liegende Struktur oder Form wird durch Abreiben mit Wachsmalfarben sichtbar gemacht. Diese auch als Frottage bekannte Technik kann auch von Menschen mit schwerer Behinderung erfolgreich ausgeführt werden. Die farbenfrohen, schönen Bilder vermitteln ein schnelles Erfolgserlebnis und erhöhen die Motivation. Zwei oder drei Wachsmalblöcke, zusammen auf ein Stück Holz geklebt, sorgen für eine gleichmäßige Verteilung der Farben auf Stoff oder Papier.

Die Matrizen werden von der Ergotherapeutin angefertigt. Dazu wird meist eine Pappe verwendet, auf die Papiermotive, Blätter etc. geklebt werden. Matrizen können auch durch „Malen mit der UHU-Tube", d.h. durch Spuren von Klebstoff hergestellt werden.

Die Matrizen werden in eine Vorrichtung aus Holz, bestehend aus einer Grundplatte und einer Deckplatte mit Ausschnitt, eingelegt. Die beiden Platten sind durch ein Scharnier verbunden. Die Leinentasche bzw. das zu bemalende Papier wird auf die Matrize gelegt und durch die Deckplatte fixiert. Leinentasche bzw. Papier muss dabei größer als die Matrize sein. Im Ausschnitt der Deckplatte wird durch Hin- und Herrubbeln mit Wachsblöcken die Struktur herausgearbeitet.

Die Technik ist auch für blinde oder spastisch behinderte Menschen geeignet, weil der hölzerne Rahmen für eine Führung sorgt, innerhalb dessen die energischen Reibebewegungen durchgeführt werden.

Die Technik ermöglicht es, Motive zu vervielfältigen bzw. rapportieren, d.h. eine lange Reihe gleicher Gegenstände auf das Papier zu bringen, indem der Malgrund über der Matrize Zug um Zug seitlich verlagert wird, sodass mehrere gleiche Motive nebeneinander entstehen.

Unmittelbar nützlich sind die Leinentaschen, wenn die behinderten Menschen darin ihr Sportzeug oder ihr Frühstück einpacken, das sie mit in die Werkstatt bringen. Sie besitzen damit ein Teil, das sie individuell für sich selbst gestaltet haben. In Serie gefertigt, werden die Leinentaschen auch verkauft.

Kalender werden im Gruppenraum oder im eigenen Zimmer aufgehängt.

Die Karten werden im Werkstattladen zum Verkauf angeboten. Es freut die behinderten Menschen, zu sehen, dass das von ihnen hergestellte Produkt von nichtbehinderten Menschen gekauft wird. So sehen sie ihre Arbeit gewürdigt und anerkannt.

Materialien und Werkzeuge:

- Papier oder Stoff, z.B. Jutetaschen
- Wachsmalblöcke
- Matrizen z.B. aus Pappe mit Papier oder Moosgummi beklebt, mit Kleber bemalt, aber auch Blätter, Textilien, Münzen, Tortenpapier, Drahtgewebe
- Halterahmen für die Matrizen aus Holz oder flacher Karton
- Tesakrepp

Beschreibung der Technik:

- Matrize in den Rahmen oder flachen Karton legen
- Papier bzw. Stoff darüber legen
- mit Wachsblock darüber rubbeln

Variationen:

- Griffadaptionen für die Wachsmalblöcke: Holzklotz oder Holzbrett mit Klettband zum Befestigen an der Hand, Schwämme, Styroporkugeln können auch als griffige Träger der Wachsblöcke dienen
- flacher Karton, um Matrize und Papier einzulegen (kein Verrutschen beim Arbeiten)
- Münzen, Blätter evtl. vorher auf Papier aufkleben
- Matrizen und Papier können auch mit Tesakrepp auf den Tisch geklebt werden

Lerninhalte:

- Farbauswahl
- Material- und Farbunterscheidung
- Oberflächensensibilität
- Figur-Grund-Wahrnehmung
- Feinmotorik beim Durchreibeprozess
- Kreativität und Phantasie beim Umgang mit den verschiedenen Materialien
- Handmuskeltraining durch festes Aufdrücken

Materialerfahrung:

- Matrize und Papier gut im Holzrahmen, im flachem Karton oder auf dem Tisch befestigen, damit sie beim Rubbeln nicht verrutschen
- Farbe flächig auftragen, sonst Strichwirkung.
- Gegenstände zum Durchreiben müssen eine Struktur haben, dürfen aber nicht zu hoch sein

Möglicher Arbeitsauftrag:

– Fertige 12 Rubbelbilder mit unterschiedlichen Motiven für einen Kalenders.

Anwendungsmöglichkeiten:

Geschenktüten, Geschenkpapier, Leinentaschen, Kalender, Karten, Lesezeichen, Material für Collagen

Wachsbügeltechnik

Wachsmalfarben schmelzen wie das Wachs brennender Kerzen und verflüssigen sich, wenn sie erhitzt werden.

Die nötige Hitze erzeugen wir mit einem Bügeleisen. Wachs wird in verschiedenen Farben und Schichten auf Architektenpapier aufgebracht, das Ganze wird zusammengeklappt und dann gebügelt. Die Farben werden flüssig, verlaufen ineinander und schwimmen auf dem Architektenpapier, denn in die glatte Oberfläche dieses Papiers kann das Wachs nicht eindringen.

Aus diesem mit der Wachsbügeltechnik behandelten Architektenpapier kann man wunderschöne Laternen basteln.

Menschen mit geistiger Behinderung sind zeitlich konkret an Jahreszeiten und Festen orientiert: Nach dem Sommerfest kommt Erntedank, danach der Laternenumzug und dann ist Advent, wo die Weihnachtsmärkte besucht werden.

Alle freuen sich auf den Laternenumzug und aufs Singen: „Abends wenn es dunkel wird, und die Fledermaus schon schwirrt, gehen wir mit Laternen aus, in den Garten hinterm Haus“.

Materialien und Werkzeuge:

- Architektenpapier
- Wachsmalblöcke
- Bügeleisen
- Schere
- Kleber
- Tonkarton

Beschreibung der Technik:

- Architektenpapier mit Wachsmalblöcken dicht bemalen
- Papier zusammenfalten (Wachs nach innen)
- bügeln
- schnell öffnen (Vorsicht, das Papier ist noch heiß!)
- aus Tonpapier kann ein Rahmen für eine Laterne vorbereitet werden, in den die Wachspapierscheiben eingesetzt werden; auch runde Käseschachteln aus Pappe eignen sich als Laternenboden

Variationen:
Griffadaptionen für die Wachsmalblöcke: Holzklotz oder Holzbrett mit Klettband, Schwämme, Styroporkugeln

Lerninhalte:

- Kreativität und Phantasie durch Farbauswahl
- Tiefensensibilität durch Malen und Bügeln
- Kraftdosierung durch Malen und Bügeln
- Handmuskeltraining durch festes Aufdrücken

Materialerfahrung:

- Farbe dick auftragen
- Papier schnell öffnen, erkaltetes Papier lässt sich nicht mehr öffnen
- Wachs verklebt oder bricht , wenn es erkaltet
- Architektenpapier reißt leicht
- Bügeleisen nicht zu heiß werden lassen, sonst bilden sich Blasen auf dem Papier

Mögliche Arbeitsaufträge:

- Bemale ein DIN A-4 Blatt Architektenpapier dick mit Wachsmalfarbe. Fertige aus dem Papier eine Laterne.

Anwendungsmöglichkeiten:

Laternen, Teelichter, Karten, Lesezeichen, Fensterbilder

Wachsbatik (siehe Abb. 5)

Ganz einfach ist diese Technik und ergibt immer wieder Bilder mit überraschenden Effekten. Beim Batiken werden Flächen mit Wachs überzogen, sodass sie keine Farbe mehr annehmen. Schrittweise wird immer das ganze Stück erst in hellen, dann dunkleren Farbabstufungen gefärbt. Wachsbedeckt bleiben die Stadien der Farbmischung erhalten. In unserer Abbildung ist es das Weiß des Papiers, dann das Gelb der ersten Färbung. Die letzte rote Färbung ergibt den Grundton orange. Das Wachs stammt hier einfach von den Tropfen einer Kerze. Auch schwerer behinderte Menschen können diese Technik ausführen. Allerdings sollte die Ergotherapeutin aus Sicherheitsgründen bei ihnen eine Handführung beim Kerzentropfen vornehmen.

Wie wird getropft? Einfach so, ohne eine genaue Vorstellung, mal hier ein Punkt und dann dort wieder, und später sieht man dann, was daraus wird. Es kann auch ein Thema vorgegeben werden, Wellen, Schlange, geometrische Figuren, Punkte. Ausschnitte dieser Bilder können zur Kartenherstellung benutzt werden.

Zur Weihnachtszeit wird grünes oder rotes Tonpapier verwendet. Auf das rote Papier wird eine Kerze getropft, auf das grüne ein Tannenbaum. Dunkel übermalt und dann abgebügelt, werden die Motive in rot bzw. grün sichtbar. Ausgeschnitten können sie als Raum- oder Tischschmuck verwendet werden und sind ein hübsches Geschenk.

Die behinderten Menschen lernen spielerisch den Umgang mit dem Feuer der Kerze. Dass sie heiß ist, dass man sich an ihr verbrennen kann, dass das Wachs flüssig wird, dass sich Wachs z.B. aus Kleidung sehr schwer entfernen lässt.

Materialien und Werkzeuge:

– Papier
– Kerze
– Wassermalfarbe
– Zeitungen
– Pinsel
– Glas mit Wasser
– Feuerzeug oder Streichhölzer
– Bügeleisen

Beschreibung der Technik:

– Motiv mit Kerze auftropfen
– mit Wassermalfarbe übermalen
– trocknen lassen

– evtl. mehrere Schichten arbeiten, dabei Wassermalfarbe von hell nach dunkel auftragen
– Kerzentropfen abbügeln, dafür das Papier zwischen zwei Zeitungen legen

Lerninhalte:

– Vorstellungsvermögen
– Farbauswahl
– Figur-Grund-Wahrnehmung
– Tiefensensibilität beim Arbeiten mit der Kerze und beim Bügeln
– Kreativität und Phantasie durch Farb- und Mustergestaltung

Materialerfahrung:

– Farbenlehre: Mischungen
– Wachstropfen z.B. auf Kleidung, Tisch usw. lassen sich schlecht entfernen
– Verbrennungsgefahr durch die Kerze

Mögliche Arbeitsaufträge:

– Fertige ein Bild in der Technik Wachsbatik zum Thema „Meer“. Arbeite dabei mindestens drei Schichten. Arbeite von hell nach dunkel.
– Stelle mit Wachsbatik einen Tannenbaum her. Prickele oder schneide ihn aus.

Anwendungsmöglichkeiten:

Bilder, Karten

Wachsradieren (siehe Abb. 6)

Wozu wird normalerweise ein Radiergummi benutzt? Um nicht gewollte Striche zu entfernen. Striche von Wachsmalfarben lassen sich mit einem Radiergummi nicht entfernen, aber die Farbsubstanz kann damit verschoben werden.

Ein dicker Punkt wird auf das Papier gemalt. Nun wird das Radiergummi in der Mitte angesetzt und unter Druck zum Körper hin gezogen. Durch Wiederholung des Vorgangs und Drehung des Blatt Papiers entstehen sternförmige Strahlen.

Wenn um den Punkt noch farbige Kreise gemalt werden und dann mit dem Radiergummi genauso vorgegangen wird, wird sichtbar, wie die Farben sich vermischen.

Natürlich lassen sich auch Striche radieren. Mehrere grüne, verschieden lange Striche (oben kürzer als unten) und diese nach oben und unten ausradiert, daraus kann ein Tannenbaum entstehen.

Wachsradieren ist vom kognitiven Anspruch her eine einfache Technik, die aber an die motorischen Fähigkeiten sowie die Muskulatur hohe Anforderungen stellt.

Für behinderte Menschen mit Tremor oder Spastik ist sie nicht geeignet, weil die Anstrengung den Tonus erhöht. Wachsradieren ist daher nicht jedermanns Sache. Die Technik ist aber sehr beliebt bei behinderten Menschen, die es nach körperlicher Anstrengung und Krafteinsatz verlangt.

Materialien und Werkzeug:

- Papier
- Wachsmalstifte
- festes (rotes) Radiergummi

Beschreibung der Technik:

- einen kräftigen Farbpunkt auf das Papier malen
- mit dem Radiergummi mit kurzen kräftigen Schüben ausstreifen

Lerninhalte:

- Kreativität und Phantasie durch Farbgestaltung
- Farbauswahl
- Vorstellungsvermögen durch Formgebung
- Figur-Grund-Wahrnehmung
- Tiefensensibilität durch Malen und Radieren
- Verbesserung der Motorik durch Umgang mit gezielter Druckanwendung

– Handmuskeltraining durch Radieren
– Kraftdosierung durch Radieren

Materialerfahrung:

– zum Körper hin radieren
– Papier gut festhalten, sonst knittert oder reißt es

Mögliche Arbeitsaufträge:

– Male ein Bild mit vielen Blumensternen. Male dazu erst einen Punkt und um diesen dann mehrere farbige Ringe. Verwende mindestens fünf Farben. Radiere von innen nach außen.
– Radiere aus zehn Strichen einen Tannenbaum.

Anwendungsmöglichkeiten:

Bilder zur Dekoration, Karten

Wachswischtechnik (siehe Abb. 7)

Aus meiner Schulzeit sind sie mir noch bekannt, die Poesiealben und mit ihnen die Wischtechnik. Allerdings arbeitete ich damals mit einem Buntstift. Hier die Variante mit Wachsstiften.

Zuerst wird eine Schablone ausgeschnitten, z.B. ein Herz. Dieses wird dann mit Wachsmalstiften am Rand rot angemalt. Nun legt man es auf ein Stück weißes Papier und schiebt mit dem Finger die Farbe über den Rand nach außen. Am Rand der Schablone entsteht eine scharfe Konturenlinie. Der Übergang ist verwischt. Nimmt man die Schablone hoch, wird auf dem Papier ein weißes Herz mit rotem, verwischtem Rand sichtbar.

Es ist auch möglich, die Farbe in einen ausgeschnittenen Schabloneninnenteil zu wischen.

Durch das Verschieben von Schablonen werden Überschneidungen erreicht. Ganze Reihen von Herzen können so angelegt werden.

Da die meisten behinderten Menschen nicht mit einer Schere umgehen bzw. nicht auf der Linie ausschneiden können, müssen die Schablonen meistens von der Ergotherapeutin gefertigt werden. Allerdings können auch Schablonen, die in der Prickeltechnik hergestellt wurden, verwendet werden. Der Rand ist dann nur nicht so exakt gerade.

Wie wäre es mit selbst gemachten Einladungskarten zum Geburtstag oder einer Karte an die Mutter zum Muttertag?

Die Technik erfordert Kraft!

Materialien und Werkzeuge:

- Papier
- Wachsmalstifte
- Tonpapier oder Pappe
- Bleistift
- Schere

Beschreibung der Technik:

- Figur auf Tonpapier oder Pappe aufmalen
- ausschneiden
- Figur mit Wachsmalstiften am Rand anmalen
- Figur auf ein Blatt Papier legen
- gut festhalten
- mit den Fingern die Farbe vom Figurenrand nach außen abreiben

Variation:
Buntstifte verwenden

Lerninhalte:

– Kreativität und Phantasie durch Farb- und Mustergestaltung
– Farbauswahl
– Vorstellungsvermögen durch Positiv-Negativ-Effekt
– Feinmotorik durch Verwischen
– Kraftaufwand durch Wischen
– Tiefensensibilität durch Wischen
– Richtungsunterscheidung beim Wischen
– Fingermuskeltraining durch Wischen
– Figur-Grund-Wahrnehmung

Materialerfahrung:

– einfache Formen wählen
– Farbe dick auftragen
– beim Abreiben fest aufdrücken und die Schablone gut festhalten
– evtl. Schablone mit Tesakrepp festkleben

Mögliche Arbeitsaufträge:

– Gestalte eine Karte zum Muttertag.
– Fertige zehn Einladungen für deinen Geburtstag.

Anwendungsmöglichkeiten:

Karten, Bilder

Sgraffito (siehe Abb. 8)

Oh je, ein gerade mit vielen Farben ausgefülltes Blatt Papier schwarz übermalen?

Dann ist ja von den schönen Farben gar nichts mehr sichtbar!

Hier wird gezaubert: Durch Schaben kommen die Farben wieder zum Vorschein.

Gewählt wird ein nicht zu großes Blatt Papier, weil das Ausmalen zuerst mit hellen, bunten Wachsmalfarben und dann das Abdecken mit schwarzer Wachsmalfarbe sehr viel Ausdauer und Zeit beansprucht.

Mit Zauberei lassen sich natürlich auch behinderte Menschen locken. Das hat doch etwas Magisches, Unvorhersehbares, oder? Da machen alle gern mit.

Für die schwerer behinderten Menschen wird kein Thema vorgegeben. Sie kratzen einfach nach Lust und Laune auf dem Bild. Manchmal entstehen nur Strichkombinationen, aber ein anderes Mal werden Kreise in Schneckenform sichtbar oder Schlangenlinien. Vorgegebene Themen – geometrische Formen, Herzen, Haus, Baum, Mensch, Tier – sind kognitiv anspruchsvoller.

Materialien und Werkzeuge:

- Papier
- Wachsmalstifte
- Schabewerkzeug (ist in den Packungen der Wachsmalstifte enthalten; brauchbar sind auch Holzspachtel oder Plastikmesser)

Beschreibung der Technik:

- Papier mit hellen, bunten Wachsstiften farbig gestalten
- mit schwarzem Wachsmalstift übermalen
- mit dem Schaber Motive herauskratzen

Variationen:
Anstelle von schwarzer Wachsmalfarbe kann man auch schwarze Temperafarbe nehmen. Hierfür braucht man dann aber auch noch einen Pinsel und ein Glas mit Wasser. Statt der Wachsmalstifte kann man Wachsmalblöcke, auch mit Griffadaptionen wie Holzklotz, Holzbrett mit Klettverschluss, Schwämme, Styroporkugel einsetzen.

Lerninhalte:

- Kreativität und Phantasie durch Farb- und Mustergestaltung
- Farbauswahl

– Kraftaufwand beim Auftragen der Farben
– Vorstellungsvermögen beim Ausschaben
– Handmuskeltraining durch Auftragen mehrerer Farbschichten
– Figur-Grund-Wahrnehmung
– Feinmotorik beim Ausschaben
– Mögliche Arbeitsaufträge:
– Gestalte ein Bild zum Thema „Hier bin ich zu Hause“.
– Stelle ein Bild zum Thema „Silvester in der Stadt“ her.

Materialerfahrung:

– mit hellen Farben arbeiten
– schwarzer Wachsstift schmiert leicht
– die Farbe muss kräftig aufgetragen werden, aber Papier ist empfindlich

Anwendungsmöglichkeiten:

Bilder, Karten

Maltechniken

Wenn Menschen mit geistiger Behinderung malen, stehen ihnen für die Gestaltung oft nur eingeschränkte zeichnerische Mittel zur Verfügung; Zeichenkunst im Sinne von technischer Perfektion im altmeisterlichen Stil können nur wenige Menschen erwerben (das gilt übrigens auch unabhängig von Behinderung). Striche oder Kreise, Kopffüßler oder Strichmännchen als Gekritzel abzutun, greift aber zu kurz. Immer wieder entsteht angesichts von Bildern geistig behinderter Malerinnen oder Maler die Einschätzung, das seien Kinderbilder, weil die Elemente der Gestaltung so sind, wie alle Menschen sie in ihrer frühen Entwicklung produzieren. Sie greifen quasi auf einen allen Menschen eigenen und verständlichen Grundbestand an Zeichen zurück, mit denen wir Bilder „lesen" und auch herstellen können.

Zu einer positiven Würdigung des Gemalten kommen wir, wenn wir das Originelle einer zeichnerischen Lösung als individuelle Leistung anerkennen. Oder wenn es eine gelungene Farbigkeit zu schätzen gibt. Oder einen spannungsvollen Bildaufbau.

Doch zugegeben, nicht jeder Mensch ist malerisch hochtalentiert. Und dennoch kann man Spaß am kreativen Tun haben, und man freut sich an einem gelungenen selbsthergestellten Bild. Manchmal ist das mit der richtigen künstlerischen Technik gar nicht so schwer zu erreichen, und es entstehen Bilder, die man ohne weiteres rahmen und an die Wand hängen kann. Die behinderten Menschen sind ganz erstaunt: „Das habe ich gemacht?" fragen sie dann. „Sieht aus wie gezaubert!" Natürlich stärken solche Erlebnisse das Selbstwertgefühl eines jeden.

Einfache Techniken, mit einem garantierten Erfolgerlebnis sind besonders die Fadengraphik (damit entsteht eine mehrfarbige Blume), die Abklatschtechnik (es macht Spaß zu überlegen, was der Klecks darstellen kann), die Kugeltechnik (Kugeln hinterlassen Spuren auf dem Papier) oder die Spritztechnik (Negativ-Muster von Schablonen). Weitere einfache Techniken sind das Malen mit Fingerfarben, die Rolltechnik, Kleisterbilder, Aquarelltechnik, Spachtelbilder, Knülltechnik und Kristallstrukturen. Eine besonders einfache Technik, die auch sehr schwer und mehrfach behinderte Menschen beherrschen, ist das Malen mit dem Deoroller. Etwas schwieriger gestaltet sich die Pustetechnik. Da braucht man schon gute Lungen.

Geeignete Farben für behinderte Menschen sind besonders selbsthergestellte Lebensmittelfarben, aber auch Fingerfarben, Wassermalfarben. Es können auch Plaka- und Acrylfarbe sowie Kreiden zum Einsatz kommen.

Malen mit Pastellkreide (siehe Abb. 9 und 10)

Als Mitarbeiterin im begleitenden Dienst war ich nicht nur ergotherapeutisch tätig, sondern hatte auch viele andere Aufgaben zu erledigen, u.a. konnte ich für die Dekoration der Abteilungen sorgen. Der Werkstattleiter und einige Abteilungsleiter fanden meine Bilder, die ich in meiner Freizeit mit Pastellkreiden male, so schön, dass ich für die Abteilungen der WfbM einige zu Dekozwecken herstellen sollte. Mir war es aber lieber, in den Abteilungen Arbeiten zu zeigen, die Menschen mit Behinderung selbst hergestellt hatten. Mit Pastellkreide hatte noch niemand von ihnen gemalt, wir mussten ausprobieren, wie das geht. Pastellkreide zerbricht ja sehr schnell, und man darf nicht wegen taktiler Übersensibilität davor zurückschrecken, die Kreide mit den Fingern zu verreiben.

Ich war mir auch darüber im Klaren, dass ich Feinheiten in den Bildern mit Handführung durchführen müsste. So übten wir anfangs erst mal den Umgang mit der Kreide. Es darf nicht zu stark aufgedrückt werden, sonst zerbricht sie in kleine Stücke. Danach war das Verreiben an der Reihe.

Wir begannen mit einfachen Bildern wie Regenbogen, Ball mit Streifen etc. Unser erstes großes Bild zur Dekoration war ein Bild mit Wellen. Hierzu wählte ich ein blaues Papier, auf dem in drei verschiedenen großen Streifen Blautöne mit Kreide aufgetragen wurden. Nachdem diese Farben verrieben wurden, nahm ich die Hand des Menschen mit Behinderung und wir malten zusammen mit weiß und schwarz die Wellen.

Mit einem speziellen Radiergummi können jederzeit Korrekturen in der Pastellkreidenmalerei ausgeführt werden. Das Radiergummi besteht aus einem knetgummiartigem Material und nimmt die Kreide vom Papier ab. Nach Fertigstellung wird das Bild mit einem Spray fixiert, damit sich die Kreide nicht abreibt.

Ein passend getöntes Papiers zu besorgen, ist Aufgabe der Ergotherapeutin. Ebenso das spätere Rahmen des Bildes.

Materialien und Werkzeuge:

- grobkörniges Papier
- Pastellkreiden
- spezielles Radiergummi
- Tesakrepp

Beschreibung der Technik

- Papier mit Tesakrepp auf den Tisch festkleben, damit es nicht verrutscht
- Pastellkreide auftragen
- Farben mit den Fingern verwischen

- Korrektur mit Radiergummi möglich
- fertiges Bild mit Spray fixieren

Lerninhalte:

- Entscheidungsfähigkeit durch Auswahl von Farben und Motiven
- Phantasie und Kreativität durch Farbgestaltung und Muster
- Feinmotorik, Tiefensensibilität und Kraftdosierung beim Malen mit der Kreide, Kneten des Radiergummis und Sprühen mit dem Fixierspray.
- visuelle Wahrnehmung der Farben, Mischen von Farben und Mustern
- Raum-Lage-Wahrnehmung beim Malen z.B. von Landschaftsbildern
- Hand-Auge-Koordination beim Verreiben und Fixieren der Kreide
- Handmuskeltraining durch Kneten des Radiergummis

Materialerfahrung:

- Beim Malen mit der Kreide nicht zu stark drücken, Kreide kann sonst zerbrechen
- mit dem Radiergummi lassen sich fast alle Fehler korrigieren; es wird wieder sauber, wenn man es nach Gebrauch gut durchknetet
- Farben lassen sich mischen und übermalen
- Kreide staubt sehr; für Asthmatiker daher nicht geeignet, oder mit Mundschutz arbeiten
- Kleiderschutz ist nötig; die Farbe lässt sich schlecht aus Stoffen entfernen
- Tisch braucht nicht mit Folie abgedeckt zu werden, weil die Kreide sich, solange sie nicht fixiert ist, von glatten Flächen ohne Probleme mit einem feuchten Tuch entfernen lässt

Mögliche Arbeitsaufträge:

Male einen Regenbogen, verschiedene Bälle, ein geometrisches Muster, ein Landschaftsbild, ein Tier, einen Blumenstrauß ...

Anwendungsmöglichkeiten:

Bilder zu Dekorationszwecken

Zuckerkreide

Tafelkreide ist ein vergängliches Medium. Durch Wasser oder Wind löst sie sich in Wohlgefallen auf. Es gibt aber eine Möglichkeit, sie haltbar zu machen und sogar Bilder damit herzustellen, die man zur Dekoration aufhängen kann.

Die Kreide wird in einer Wasser-Zuckermischung eingeweicht und zu einer Masse verrührt. Mit dieser Masse kann man malen. Allerdings nur mit den Fingern. Für hypersensible Menschen, die Reize an den Fingern nicht ertragen können, ist Zuckerkreide daher nicht geeignet.

Haltbar wird die Kreide, indem das noch feuchte Bild mit Haarspray besprüht wird.

Zuckerkreide ist eine gute Alternative zu Fingerfarben.

Die Herstellung macht Spaß. In der Schule heißt es immer: Zerbreche bloß die Kreide nicht. Jetzt ist es sogar erwünscht. Das Abmessen der Zutaten mit Tasse und Kaffeelöffel hat einen Bezug zum lebenspraktischen Bereich der Küchenarbeit.

Materialien und Werkzeuge:

- Tafelkreide in weiß und bunt, bei weißer Kreide zusätzlich Farbpigmente
- eine Tasse mit Wasser
- Zucker
- Kaffeelöffel
- Schüssel
- Haarspray
- Papier, Tapeten oder Packpapier

Beschreibung der Technik:

- Kreide in kleine Stücke brechen
- Kreide in einer Schüssel mit Wasser (eine Tasse) und Zucker (zwei Kaffeelöffel) einweichen
- evtl. Farbpigmente beifügen
- mit einem Kochlöffel oder den Händen zu einer Paste rühren
- mit der Kreide malen (mit den Fingern auftragen)

Lerninhalte:

- Tiefensensibilität durch Zerbrechen der Kreide und durch Sprühen mit der Haarsprayflasche
- Oberflächensensibilität durch feuchte Kreide
- Farbauswahl

- Farbgestaltung
- Gruppenfähigkeit
- Umgang mit Emotionen im gruppendynamischen Prozess
- Raum-Lage-Wahrnehmung beim Sprühen mit Haarspray
- Feinmotorik und Kraftaufwand beim Sprühen mit Haarspray

Materialerfahrung:

- feuchte Kreide muss mit Haarspray fixiert werden, da sie beim Trocknen bröckelig wird
- bei Beimischung von Farbpigmenten nicht ohne Einmalhandschuhe in die Masse fassen. Färbt stark!

Mögliche Arbeitsaufträge:

Fertige ein Gemeinschaftsbild für den Gruppenraum. Thema: Farbspiele

Anwendungsmöglichkeiten:

Gemeinschaftsbild zur Dekoration des Gruppenraums

Abklatschtechnik (siehe Abb. 11)

Einfach ein paar Farbtupfer mit dem Pinsel auf das Papier aufgetragen, dann wird das Blatt zusammengeklappt und die Farbe nach allen Seiten hin ausgestrichen. Auseinander nehmen – und schon haben sich die Farbtupfer in einen großen Klecks verwandelt.

Jetzt beginnt der Spaß des Ratens. Was soll es wohl darstellen? Man dreht das Blatt in alle Richtungen. Oft erkennt man einen Schmetterling, aber auch einen Hund und ein Pferd habe ich schon mal gesehen.

Jedes Bild ist ein Unikat! Kein Klecks wird wie der andere, und das motiviert natürlich, es noch einmal zu versuchen. Nach dem Motto: mal sehen, was diesmal dabei rauskommt.

Abklatschbilder bringen einen Menge Spaß. Sie sind einfach spannend.

Die Technik ist auch für Sehbehinderte geeignet, auch wenn sie auf Grund Ihrer Fehlsichtigkeit nur schlecht interpretieren können.

Materialien und Werkzeuge:

– Papier
– Wassermalfarben
– Pinsel

Beschreibung der Technik:

– mit dem Pinsel Farbe anrühren und auf das Papier tupfen
– Blatt in der Mitte falten
– Farbe zu den Seiten hin ausstreichen

Lerninhalte:

– Farbauswahl
– Kreativität durch Farbgestaltung
– Feinmotorik
– Figur-Grund-Wahrnehmung
– Freude und Spaß am Raten
– Phantasie durch Interpretation der Bilder

Materialerfahrung:

Farbe soll sehr flüssig sein, damit sie zerlaufen kann

Arbeitsaufträge:

Bringe Farbtupfer auf das Papier. Falte das Papier. Versuche das Ergebnis zu deuten.

Anwendungsmöglichkeiten:

Bilder, Karten

Fadengraphik (siehe Abb. 12)

Ein Faden ist nicht nur zum Nähen, Sticken oder Stricken geeignet, – nein, man kann damit sogar malen. Genau genommen ist die Fadengraphik eine Kombination von Malen und Drucken.

Das Spiel mit Fäden und Farben macht Freude. Man nimmt einen Faden und malt ihn mit unterschiedlichen Farben an. Nun wird der Faden von der Ergotherapeutin in Schlangenlinien auf ein Blatt Papier gelegt, so dass ein Ende überhängt. Ein weiteres Blatt Papier kommt zur Abdeckung darüber und darauf wird ein dickes Telefonbuch oder ein schweres Brett gelegt.

Nun darf der Faden herausgezogen werden. Welch eine Überraschung, wenn man sich das Blatt ansieht! Ein lang gezogener Blumenkelch in den verschiedensten Farbschattierungen ist entstanden. Und dazu noch ein gegengleiches Doppel. Manche behinderten Menschen können es kaum fassen, dass so etwas durch ihre eigenen Hände, durch ihre Arbeit, entstanden ist. Für sie ist das wie Zauberei.

Natürlich kann der Faden für andere Muster in eine andere Ziehrichtung aufgelegt werden, glatt als Linie oder in Schlaufen. Es kann auch mit mehreren Fäden gearbeitet werden.

Die entstandenen Bilder haben einen tollen Effekt, sie sind eine Augenweide! Schön gerahmt sind sie ein Schmuckstück in jedem Gruppenraum.

Die Technik ist auch für Blinde oder sehbehinderte Menschen bei entsprechender Hilfestellung geeignet.

Materialien und Werkzeug:

- Papier
- Baumwollfaden
- Wassermalfarben
- Pinsel
- Glas mit Wasser
- dickes Buch oder Brett

Beschreibung der Technik:

- Faden zusammen legen
- Faden mit Farben anmalen
- Faden auseinander nehmen
- Faden wie in Schlangelinien auf das Papier legen, ein Stück muss über den Papierrand herausgucken
- mit einem Stück Papier abdecken
- ein Buch darauf legen

- Buch mit einer Hand festhalten, mit der anderen kräftig an dem Fadenende ziehen und ihn herausziehen
- Buch entfernen und Papier hochnehmen

Lerninhalte:

- aufeinanderfolgende Arbeitsschritte
- Hand-Hand- und Hand-Auge-Koordination
- Farbauswahl
- Oberflächensensibilität durch Arbeit mit dem Faden
- Feinmotorik
- Kreativität und Phantasie durch Farb- und Formgestaltung
- Vorstellungsvermögen (Fadenlage, Zugrichtung)
- Figur-Grund-Wahrnehmung

Materialerfahrung:

nicht zu viel Wasser nehmen, sonst verschmiert die Farbe

Mögliche Arbeitsaufträge:

Lege einen eingefärbten Faden in Schlangenlinien auf ein Papier im Hochformat und ziehe ihn am unteren Rand heraus.

Anwendungsmöglichkeiten:

Karten, Bilder

Malen mit Fingerfarben

Mit den Fingern malen ist eine sehr frühe Form, mit der ein Mensch sich gestaltend erlebt. Malen mit Fingerfarben greift sozusagen auf diese erste Stufe des Malens zurück. Es wird kein Werkzeug benötigt. Zu wissen, was ein Pinsel ist, wie man ihn hält oder wie man mit ihm arbeitet, ist nicht nötig. Die Finger sind das Werkzeug. Auch sehr schwer und mehrfach behinderte Menschen können diese Technik ausführen. Sie ist auch für blinde oder sehbehinderte Menschen geeignet. Kontraindiziert ist sie für hypersensible Menschen, die zu viel Reize im taktilen Bereich nicht ertragen können. Hier kann die Technik aber variiert werden, indem mit Spachteln, Löffeln oder Teigschabern als Hilfsmittel gearbeitet wird. Mittlerweile gibt es im Fachhandel eine Art Fingerhüte, an deren Spitze sich Pinselhaare befinden. Damit kann man die Finger in die Farbe tauchen, ohne dass sie schmutzig werden.

Manche kostet es Überwindung, die Fingerspitzen in die Farbe zu tauchen. Oh, das fühlt sich kalt und feucht an. Jetzt mit den Fingern über ein Papier streichen. Die Farbe bleibt auf dem Papier.

Der Finger hat Striche und Kreise auf das Papier gebracht. Aber nicht nur auf Papier kann gemalt werden. Fingermalfarbe eignet sich auch für die Fensterscheiben. So werden die Fenster im Gruppenraum des Wohnheims individuell gestaltet.

Der Finger kann auch abgedruckt werden. Es entstehen Punkte. An diese können später Flossen gemalt werden und schon sind es Fische. Oder man malt ein kleines Dreieck vorne und hinten einen langen Schwanz, und fertig ist das Mäuschen. Auch Blumen können daraus entstehen.

Natürlich kann die ganze Hand mit Farbe bestrichen und dann abgedruckt werden. Dies ist, genauso wie der Fingerdruck eine Drucktechnik und unter dem Kapitel Drucktechniken beschrieben.

Fingerfarben lassen sich auch selbst herstellen, indem Farbpulver mit Tapetenkleister vermischt wird. Selbst hergestellte Zuckerkreide ist auch zum Malen mit den Fingern geeignet (siehe Kapitel Zuckerkreide).

Materialien und Werkzeug:

- Papier
- Fingerfarben

Beschreibung der Technik:

- mit den Fingerfarben auf Papier oder die Fensterscheibe malen

Variationen:
anstatt mit Fingern kann man auch mit Spachtel, Löffeln oder Teigschabern arbeiten

Lerninhalte:

- Farbauswahl
- Kreativität und Phantasie durch Farbgestaltung
- Tiefen- und Oberflächensensibilität durch Malen mit den Fingern
- Bewusstwerden des Körpers
- Feinmotorik
- Gruppenfähigkeit
- Umgang mit Emotionen im gruppendynamischen Prozess

Materialerfahrung:

- nicht zu viel Farbe auf die Finger nehmen, sie tropft sonst
- Kleiderschutz nicht vergessen

Mögliche Arbeitsaufträge:

- Gestalte mit deinen Wohngruppenmitgliedern die Fensterscheibe im Wohnzimmer mit Fingerfarbe. Thema: Ostern.
- Male mit deinen Wohngruppenmitgliedern ein großes Bild. Thema: die Menschen unserer Wohngruppe.

Anwendungsmöglichkeiten:

Bilder, Dekoration von Fensterscheiben

Malen mit dem Deoroller

Dies ist die einfachste Technik überhaupt. Auch sehr schwer und mehrfach behinderte Menschen haben mit dieser Technik ein Erfolgserlebnis. Zudem ist dies eine saubere Technik, da die Farbe im Deoroller bleibt und somit nicht schmieren kann. Mit einem Deoroller kann jeder behinderte Mensch ohne Hilfestellung selbstständig malen. Die Technik ist auch für blinde und sehbehinderte Menschen sowie bei Spastik geeignet und kann auch bei starkem Tremor eingesetzt werden.

Anstelle eines Deorollers eignet sich auch ein Waschpulverdosierer mit Rollkopf oder eine Quetschflasche. Die Quetschflasche hat den Vorteil, dass zusätzlich die Handmuskulatur gefördert wird. Der Nachteil ist, dass Quetschflaschen wie auch Waschpulverdosierer mit Rollkopf wesentlich größer als Deoroller und somit schlechter zu handhaben sind.

Alternativ kann mit einem Schwamm, mit der Zahnbürste oder mit einer Sprühflasche gemalt werden. Durch unterschiedliche Geräte werden jedes Mal andere taktile Reize geboten.

Materialien und Werkzeuge

- Papier
- Deoroller
- Plaka-Farbe

Beschreibung der Technik:

- den (nachfüllbaren) Deoroller mit Farbe auffüllen
- über ein Stück Papier rollen

Variationen:
Waschpulverdosierer (von Ariel) mit Rollkopf oder Quetschflasche

Lerninhalte:

- Farbauswahl
- Kreativität und Phantasie durch Farbgestaltung
- Tiefensensibilität
- großräumige Bewegungen

Materialerfahrung:

Deoroller aus Plastik sind leichter als Deoroller aus Glas

Mögliche Arbeitsaufträge:

Male ein Bild mit dem Deoroller. Nimm verschiedene Farben.

Anwendungsmöglichkeiten:

Bilder, Karten

Pustetechnik (siehe Abb. 13)

Farbtropfen auf einem Blatt. Was kann man damit machen? Was passiert, wenn man auf den Tropfen pustet? Die Farbe läuft förmlich vor dem Luftstrom davon. Lustig sieht das aus.

Wir setzen Tropfen auf ein Blatt Papier und pusten dann von allen Seiten, indem das Blatt gedreht wird. Das Spiel mit den Tropfen erfordert viel Puste und eine gute Lunge. Die Mundmotorik wird besonders angesprochen, wenn beim Pusten den Mund zusammen gezogen und gespitzt wird.

Mit einem Strohhalm kann zielgerichtet gepustet werden. Auf einem Blatt Papier wird z.B. zuerst ein unterer Rand als Wasser angelegt. Dann wird die Farbe mit dem Strohhalm nach oben gepustet. Das sind die Schlingpflanzen. Mit Fingerdruck werden nun Punkte zwischen die Schlingpflanzen gesetzt. Nach dem Trocknen bekommen diese Punkte Augen, Flossen und aufsteigende Luftbläschen angezeichnet. Fertig ist ein schönes Unterwassermotiv.

Auch Striche können gepustet werden. Sieht das nicht wie eine Raupe oder ein Baum aus? Was eben noch ein Punkt war, sieht vielleicht nach dem Pusten wie ein Mauseschwänzchen aus. Es macht nicht nur behinderten Menschen Spaß zu deuten, was da entstanden ist.

Materialien und Werkzeuge:

- Papier
- Wassermalfarben
- Strohhalm
- Pinsel
- Glas mit Wasser

Beschreibung der Technik:

- Farbe auf das Papier tropfen
- Flüssigkeit mit dem Strohhalm in verschiedene Richtungen pusten.
- Alternativ mit dem Mund pusten

Variationen:
statt zu pusten, Papier hin und her bewegen

Lerninhalte:

- Kreativität und Phantasie durch Farb- und Mustergestaltung
- Atemschulung
- Training der Mundmotorik
- Feinmotorik durch Halten des Strohhalms und Malen mit dem Pinsel

– Richtungsunterscheidung
– Figur-Grund-Wahrnehmung
– Überraschungseffekt
– Vorstellungsvermögen durch Interpretation der geblasenen Linien
– Spaß und Freude am Deuten der entstandenen Motive

Materialerfahrung:

– mit einem Strohhalm ist gezieltes Pusten möglich
– die Farbe muss sehr flüssig sein

Mögliche Arbeitsaufträge:

– Gestalte ein Unterwasserbild.
– Male ein Bild mit Mäusen mit Fingerdruck- und Pustetechnik.

Anwendungsmöglichkeiten:

Karten, Bilder

Kleisterbilder

Dass Kleister nicht nur zum Kleben da ist, war eine neue Erfahrung für die behinderten Mitarbeiter in unseren Ergotherapiestunden. Hier konnten sie mit Kleister malen.

Wie fühlt Kleister sich an den Fingern an? Komisch, die Finger kleben ja gar nicht zusammen. Die taktile Wahrnehmung wird intensiv angesprochen, das ist besonders für sehr schwer und mehrfach behinderte Menschen wichtig, deren Erfahrungen in taktiler Wahrnehmung oft eingeschränkt ist. Menschen mit einer Spastik können mit dieser Technik großräumige Bewegungen erzielen und damit einer Tonuserhöhung entgegenwirken. Auch behinderte Menschen mit einem starken Tremor haben hier ein Erfolgserlebnis, da diese Technik körperliche Einschränkungen kompensiert.

Die Finger gleiten über das Blatt. Es entstehen Linien, Wellen, Kreise. Es kann auch beidhändig gearbeitet werden. Mit beiden Händen symmetrische Bewegungen machen oder mit jeder Hand etwas anderes. Die Muster lassen sich immer wieder verwischen. Wenn einem etwas nicht gefällt, stellt man wieder eine geschlossene Kleisterdecke her und fängt von vorne an.

Auf Packpapier wirken die Farben viel dunkler, fast schmutzig. Wenn mehrere Farben ineinander vermischt werden, entstehen bald schmuddelig wirkende Farbtöne, z.B. ergeben rot und grün ein ziemlich dunkles Braun.

Wer nicht in den Kleister greifen mag, kann die Kleisterfarbe auch mit einem Pinsel, einem Spachtel, einem Löffel oder einem Teigschaber auftragen. Mit Gegenständen können Muster hergestellt werden: Hierfür eignen sich besonders Kämme, Gabeln oder auch Pinsel.

Kleisterfarben sind wie Fingerfarben, aber billiger und vom taktilen Gefühl her anders. Fingerfarben können auch auf der Basis von Kleister hergestellt werden.

Materialien und Werkzeuge:

- Papier (auch Packpapier)
- Farbpulver
- Tapetenkleister
- Tesakrepp

Beschreibung der Technik:

- Kleister mit den Fingern auf das Papier auftragen
- Farbpulver über den Kleister geben
- mit den Händen vermischen
- Muster mit den Fingern einziehen

Variationen:
Kleister mit Pinsel, Löffel, Spachtel oder Teigschaber auftragen; Muster mit Gabel, Kamm und Pinsel herstellten
– Lerninhalte:
– Feinmotorik
– Farbauswahl
– Kreativität und Phantasie durch Farb- und Mustergestaltung
– Oberflächensensibilität durch Kleister an den Fingern

Materialerfahrung:

– Kleister darf nicht zu dünn sein
– Muster können immer wieder korrigiert werden
– Papier für beidhändiges Malen am Tisch festkleben

Mögliche Arbeitsaufträge:

Bestreiche dein Blatt Papier mit Kleisterfarben deiner Wahl und male ein Wellenmuster.

Anwendungsmöglichkeiten:

Geschenkpapier, Karten, Kalender, Bezugspapiere

Aquarellmalerei

Aquarellfarben lösen sich in Wasser auf. Das wird sichtbar, wenn ein mit Farbe getränkter Pinsel in einem Wasserglas ausgewaschen wird, dann läuft die Farbe regelrecht ins ungefärbte Wasser hinein. Aber das funktioniert auch auf Papier.

Auf einem nassen Papier können beim Aquarellieren keine klaren Konturen gemalt werden, weil die Farbe in alle Richtungen verläuft. Eine Farbe neben einer anderen auf das nasse Papier aufgebracht, verläuft in die erste und ergibt eine neue Farbmischung. Mit Freude betrachten wir das Verlaufen der Farbe. Wo will sie hin? Wann kommt sie zum Stoppen? Läuft sie über den Papierrand hinaus?

Das Verlaufen der Farben regt das großflächige Malen an.

Behinderte Menschen, die mit anderen Malmaterialien wie z.B. Buntstiften oder Wachsmalstiften immer wieder die gleichen Muster malen, machen durch diese Technik neue Erfahrungen, weil die eigenwilligen Farbverläufe in verschiedene Richtungen immer neue Muster bilden.

In der hier beschriebenen Ausführung ist die Aquarelltechnik eine einfache Technik, die ein Erfolgserlebnis garantiert. Sie ist daher auch für sehr schwer und mehrfach behinderte Menschen, Menschen mit einer Spastik sowie Menschen mit Tremor geeignet. Jeder kann so malen, wie er möchte, und die Ergebnisse sind wegen der schönen Farben allgemein sehr ansprechend.

Für leichter behinderte Menschen kann die Technik durch Vorgabe eines Themas erschwert werden.

Materialien und Werkzeuge:

- Papier
- Wassermalfarben
- Pinsel
- Schale mit Wasser
- Schwamm
- feuchte Zeitung als Unterlage

Beschreibung der Technik:

- Papier mit Schwamm gut anfeuchten
- Wassermalfarbe auftragen

Lerninhalte:

- Kreativität und Phantasie durch Farbgestaltung

- Farbauswahl
- Richtungswahrnehmung (Wohin verläuft die Farbe?)
- Aufmerksamkeit bei der Beobachtung der Farbverläufe
- Tiefensensibilität

Materialerfahrung:

- Beide Seiten des Blatts anfeuchten, da es sich sonst wellt und Farbpfützen entstehen, in denen die Farbe stehen bleibt (kein Verlaufen mehr möglich)
- auf feuchter Zeitungsunterlage bleibt das Blatt länger nass
- Wassermalfarbe darf nicht zu wässrig sein, da sie durch das Verlaufen an Farbintensität verliert

Mögliche Arbeitsaufträge:

- Setze verschiedene Farbpunkte auf das Papier. Beobachte, wie sie verlaufen.
- Male ein Bild zum Thema Kreise.

Anwendungsmöglichkeiten:

Bilder, Karten

Kugeltechnik (siehe Abb. 14)

Was macht man mit einer Kugel? Man kann sie rollen lassen – und damit malen!

Wir legen eine Kugel in einen Karton. Den Karton bewegen wir vorsichtig hin und her. Die Kugel rollt von einer Ecke zur anderen und wieder zurück und in eine andere Richtung. Je schneller man den Karton bewegt, umso schneller saust die Kugel umher. Wo ist sie denn nun schon wieder?

Mit Farbe werden die Wege der Kugel sichtbar gemacht. Es entsteht ein faszinierendes Bild.

Dazu wird ein Papier in den Karton gelegt, ein wenig Farbe darauf gegeben und los geht es mit der Kugel. Sie rollt durch die Farbe und hinterlässt eine Spur. Sie kommt zurück, geht wieder durch die Farbe und entschwindet mit einer deutlichen Spur hinter sich in eine andere Richtung. Eine weitere Farbe dazu und das Ganze mischt sich und wird noch interessanter.

Unterschiedliche Ergebnisse werden durch die Platzierung der Farbe, ob in der Mitte, am Rand oder in einer Ecke, erzielt. Leichter behinderte Menschen sind in der Lage, die Kugel so zu lenken, dass z.B. Karos entstehen.

Dieses Spiel mit der Kugel hat einen hohen Aufforderungscharakter und fördert durch beidhändiges Halten des Kartons und Verfolgen der Kugel mit dem Blick die Hand-Hand- und die Hand-Auge-Koordination auf spielerische Weise.

Eine besondere Variante der Kugeltechnik ist das Herstellen von Weihnachtskugeln. In eine Acrylglaskugel (bestehend aus zwei Hälften) wird Window Color Farbe getropft. Nun wird eine kleine Kugel eingelegt. Die Acrylglaskugel wird geschlossen. Dann dreht man die Kugel in den Händen. Die Window Color Farbe verteilt sich im Kugelinneren. Jede Weihnachtskugel ist ein Unikat!

Materialien und Werkzeuge:

- Papier
- Plakafarbe
- Kugeln, z.B. Murmeln, Stahlkugeln aus Kugellagern, Holzkugeln
- Pappkarton

Beschreibung der Technik:

- Papier in einen Karton legen
- Farbe auf das Papier geben
- Kugel in den Karton legen
- Karton hin- und herbewegen

Variationen:
- Holzkugel oder Murmel in eine Untertasse mit Farbe legen und rundum einfärben, dann im Karton rollen lassen
- mehrere Kugeln mit unterschiedlichen Farben gleichzeitig in den Karton legen
- Kugel in eine Acrylglaskugel legen, in die Window Color Farbe getropft wurde
- anstelle von Kugeln Kastanien verwenden

Lerninhalte:

- Farbauswahl
- Kreativität und Phantasie durch Farbgestaltung
- hoher Aufforderungscharakter
- Bewegung
- Richtungswahrnehmung
- Gleichgewicht
- Hand-Hand- und Hand-Auge-Koordination
- Tiefensensibilität

Materialerfahrung:

- nicht zu viel Farbe nehmen
- mit mehreren Kugeln wird das Spiel interessanter

mögliche Arbeitsaufträge:

Gib drei Farben auf das Papier im Karton und lasse die Kugel kreisen.

Anwendungsmöglichkeiten:

Bilder, Weihnachtskugeln

Farbspritzen

Zum Auftragen von Farbe wird nicht zwangsläufig immer ein Pinsel verwendet.

Farbspritzen ist eine sehr beliebte Technik bei behinderten Menschen.

Farbspritzen hat nicht nur einen besonderen Effekt, es übt auch, die Bewegungen zu koordinieren. Beide Hände arbeiten: Eine Hand hält das Sieb und die andere reibt mit der Zahnbürste darüber. Die Farbe spritzt in feinsten Tropfen auf das Papier.

Legt man einen Gegenstand auf das weiße Papier und spritzt darüber, entsteht sein Negativ. Viele Dinge eignen sich dafür, z.B. Büroklammern, Scheren, Messer, Gabel, Löffel, Schlüssel, Blätter und natürlich auch selbsthergestellte Schablonen. Wenn die behinderten Menschen nicht auf einer Linie schneiden können, werden die Schablonen von der Ergotherapeutin hergestellt.

Wenn man die zuerst aufgespritzte Farbe mit Gegenständen abdeckt und eine zweite Farbe darüber sprüht, erfährt man, dass die erste Farbe unter den Schablonen erhalten bleibt.

In einer Therapiestunde eines Praktikanten konnte ich einmal beobachten, wie ein behinderter Mensch Schablonen anordnete: Schmetterlinge kamen auf den Boden, die Blumen nach oben. Dem Praktikanten gefiel das gar nicht. War etwas mit dem Raum-Lage-Verhältnis des behinderten Menschen nicht in Ordnung? Man könnte ihn fragen, ob das so richtig ist. Aber es ist das besondere Glück der Kreativität, dass jede Sichtweise darin ihre individuelle Richtigkeit hat. Das Bild wurde übrigens sehr schön.

Materialien und Werkzeuge:

- helles Papier
- Wassermalfarben
- Schale mit Wasser
- Spritzsieb
- Zahnbürste

Beschreibung der Technik:

- Schablone oder Gegenstände auf das Papier legen
- Zahnbürste anfeuchten
- Farbe aufnehmen
- über das Sieb reiben
- Schablonen verschieben
- Vorgang mit verschiedenen Farben wiederholen (dabei von hell nach dunkel arbeiten)

Variationen:
Griffverdickung für die Zahnbürste

Lerninhalte:

- Farbauswahl
- Kreativität und Phantasie durch Farbgestaltung
- Vorstellungsvermögen bei der Arbeit mit Schablonen
- Figur-Grund-Wahrnehmung
- Feinmotorik
- Bewegungskoordination Halten des Siebes und Bürstenbewegung
- Hand-Auge- und Hand-Hand-Koordination
- Tiefensensibilität

Materialerfahrung:

- mit wenig Wasser arbeiten, sonst fallen dicke Tropfen oder Kleckse auf das Papier
- Vorsicht beim Abheben der Schablonen, nasse Farbe kann verschmieren
- Können die überspritzten Gegenstände gut gereinigt werden oder bunt bleiben?

Mögliche Arbeitsaufträge:

- Gestalte ein Bild zum Thema Herbst mit Laub als Schablonen.
- Stelle ein Bild mit handwerklichen Gegenständen her.

Anwendungsmöglichkeiten:

Bilder, Karten

Knülltechnik

Papier zerknüllen, das macht man doch nur, wenn man das Papier nicht mehr braucht und es wegwerfen will. Nicht so bei der Knülltechnik. Da ist es unbedingt erwünscht, das Papier zu knüllen – und dann wird es wieder so gut es geht glatt gestrichen.

Diese Technik ist sehr einfach auszuführen, sie birgt viele taktile Reize und ist daher auch für blinde und sehbehinderte Menschen sowie sehr schwer und mehrfach behinderte Menschen geeignet.

Materialien und Werkzeuge:

- Papier
- Wassermalfarben
- Pinsel
- Schwamm
- Schale mit Wasser

Beschreibung der Technik:

- Papier mit dem Schwamm gut anfeuchten
- Wasserfarbe zügig auftragen
- Papier zerknüllen
- wieder öffnen und zum Trocknen ausbreiten

Lerninhalte:

- Farbauswahl
- Kreativität und Phantasie durch Farbgestaltung
- Handmuskeltraining durch Zusammendrücken des Papiers
- Feinmotorik
- Oberflächen- und Tiefensensibilität durch Zerknüllen des feuchten Papiers
- Figur-Grund-Wahrnehmung

Materialerfahrung:

- Wassermalfarbe darf nicht zu wässerig sein, da sie sonst an Farbintensität verliert
- Farbe zügig auftragen, weil das Papier sonst schon teilweise getrocknet ist und der Knülleffekt an diesen Stellen nicht sichtbar wird
- Vorsicht, reichlich aufgetragene Wassermalfarbe kann beim Knüllen auslaufen
- Kleiderschutz ist notwendig

Mögliche Arbeitsaufträge:

Stelle ein Bild in Knülltechnik her.

Anwendungsmöglichkeiten:

Bilder, Karten

Kristallstrukturen

Dies ist eine ähnliche Technik wie die Knülltechnik. Hier wird allerdings nicht das Papier zerknüllt, sondern Frischhaltefolie. Das gibt einen ganz anderen taktilen Reiz. Für die meisten behinderten Menschen ist das eine neue Erfahrung. Viele von ihnen haben noch nie Frischhaltefolie gesehen, geschweige sie denn in ihren Händen gehalten. Die, die wissen, dass man damit Speisen abdecken kann, sind verwundert, wenn sie erfahren, dass Frischhaltefolie auch anders genutzt werden kann.

Mit der Frischhaltefolie kann man spielen, man kann sie z.B. werfen. Ein Spaß ist es aber auch, zu versuchen, sie wieder auseinander zu ziehen, wenn man sie fest zusammen geknüllt hat. Das ist schon eine besondere Erfahrung, wenn man merkt, dass sich die Folie wie Kaugummi zieht und es sehr schwer ist, sie wieder glatt zu ziehen.

Auf frisch eingefärbtem Papier hinterlässt die zerknüllte Frischhaltefolie kristallartige Strukturen. Dafür darf die Frischhaltefolie nur locker zusammengeknüllt werden.

Materialien und Werkzeuge:

- Papier
- Wassermalfarben
- Frischhaltefolie
- Schale mit Wasser
- Pinsel
- Schwamm

Beschreibung der Technik:

- Papier mit dem Schwamm anfeuchten
- zügig Wassermalfarbe auftragen
- Frischhaltefolie zerknüllen und auf das Papier legen
- trocknen lassen
- nach dem Trocknen Frischhaltefolie abnehmen

Variationen:
Seidenmalfarbe verwenden (kräftigere Farben)

Lerninhalte:

- Farbauswahl
- Kreativität und Phantasie durch Farbgestaltung
- Handmuskeltraining durch Zusammendrücken der Frischhaltefolie
- Oberflächen- und Tiefensensibilität durch Zusammendrücken

– Feinmotorik
– Figur-Grund-Wahrnehmung
– Spaß und Freude

Materialerfahrung:

– Wassermalfarbe darf nicht zu wässerig sein, da sie sonst an Intensität verliert
– alternativ Seidenmalfarbe benutzen, die farbintensiver ist
– Farbe zügig auftragen, weil das Papier sonst schon teilweise getrocknet ist und die Frischhaltefolie keine Strukturen hinterlassen kann
– Frischhaltefolie locker zusammenknüllen, damit Strukturen entstehen

Mögliche Arbeitsaufträge:

Fertige ein Bild mit Kristallstrukturen. Nimm mehrere Farben.

Anwendungsmöglichkeiten:

Bilder, Karten

Spachtelbilder (siehe Abb. 15)

Malen kann man nicht nur mit dem Pinsel oder mit den Fingern, man kann auch andere Hilfsmittel benutzen. Interessante Ergebnisse erzielen wir mit einem Spachtel. Ein herkömmlicher Spachtel aus Metall ist aber zu starr, besser eignet sich ein Teigschaber oder ein selbst hergestellter Spachtel aus dicker Pappe. Das ist dann ein Einmalwerkzeug, das nach dem Gebrauch weggeworfen wird.

Papiere, die mit der Spachteltechnik gefertigt wurden, eignen sich besonders gut zum Herstellen von Papierperlen. Aber auch zu Dekorationszwecken ergeben sich sehr schöne Bilder. Wenn man mit mehreren Farben arbeitet, entstehen nicht nur senkrechte oder waagerechte Linien, sondern auch Karos, in denen sich die Farben vermischt haben. Natürlich können mit einem Spachtel auch kreisende Bewegungen ausgeführt werden.

Einige behinderte Menschen haben schon mal den Hausmeister beobachtet, wie er ein Loch in der Wand mit dem Spachtel zugipste. Eine ähnliche Tätigkeit auf Papier auszuführen, macht ihnen viel Freude.

Wenn man zu viel Farbe auf den Spachtel nimmt, quillt sie beim Ziehen über das Papier an den Seiten des Spachtels dick hervor. Die Spachtellinie wird unsauber. Was kann man machen, um das so gut wie möglich zu korrigieren? Indem man mit dem Spachtel quer zur Linie fährt, kann man die überschüssige Farbe in eine andere Richtung lenken, und es entstehen neue Muster.

Es ist auch möglich, die gesamte noch flüssige Restfarbe nach dem Farbauftrag durch Abziehen wieder zu entfernen. Es bleibt nur die ins Papier eingezogene Farbe zurück.

Materialien und Werkzeuge:

- Papier
- Plaka- oder Acrylfarbe
- Spachtel bzw. Teigschaber oder Karton
- Teller oder Schale

Beschreibung der Technik:

- Farbe auf einen flachen Teller oder Schale geben
- mit dem Spachtel Farbe aufnehmen
- mit dem Spachtel Farbe über das Blatt ziehen

Variationen:
statt Plakafarbe kann man auch Acrylfarbe (hier zügig arbeiten, da diese schnell trocknet) oder Kleisterfarbe benutzen

Lerninhalte:

- Farbauswahl
- Kreativität und Phantasie durch Farbgestaltung
- Tiefensensibilität durch Ziehen des Spachtels
- Handmuskeltraining
- Richtungswahrnehmung
- Figur-Grund-Wahrnehmung

Materialerfahrung:

- nicht zu viel Farbe auf einmal auf den Spachtel nehmen, sie quillt sonst beim Ziehen an den Seiten des Spachtels hervor
- Spachtel mit der Farbe zum Körper hin ziehen
- falls Acrylfarbe verwendet wird:
  zügig arbeiten, da die Farbe schnell trocknet
- mit Einmalspachtel arbeiten; Teigschaber frühzeitig reinigen, da die Farbe sonst nur noch mit viel Mühe zu entfernen ist
- Papier kann sich wellen; evtl. Leinwand oder Hartfaserplatte verwenden

Mögliche Arbeitsaufträge:

Stelle ein Bild mit Hilfe eines Spachtels her. Nimm dazu drei Farben. Lasse ein Karomuster entstehen.

Anwendungsmöglichkeiten:

Bilder, Papierperlen

Malen mit Acrylfarbe (siehe Abb. 16)

Ein Extrakapitel möchte ich dem Malen mit Acrylfarbe widmen, da dieses Medium zusammen mit anderen Materialien viel Raum für Phantasie und Kreativität bietet. Vor allem aber haben Acrylfarben eine schöne Intensität für ausdrucksstarke Gestaltungen. Das Material trägt so zum erfolgreichen Arbeiten bei.

Nicht nur Bilder in Roll- oder Spachteltechnik können mit Acrylfarbe hergestellt werden.

In Acrylfarbe können Sand, Pappen, Stoffe, Seidenpapier oder andere Materialien eingearbeitet werden, und es entstehen unterschiedliche Strukturen. In der feuchten Farbe kleben die Materialien ohne zusätzlichen Klebstoff.

Sand mit Acrylfarbe vermischt bildet eine weiche Masse, in die man Muster mit den Fingern oder bei Hypersensibilität besser mit Gegenständen wie Gabel, Kamm etc. ziehen kann.

Stoffe, Papiere und Pappen sind unterschiedlich in der Struktur: glatt oder gewellt, gemustert, weich oder hart. Sie können in Formen geschnitten oder gerissen werden.

Es lassen sich auch Netzverbände verwenden. Wenn diese straff auf die Leinwand aufgezogen wird, entstehen kleine Karos, die mit Farbe ausgemalt werden können.

Materialien wie Metallfolie, feiner Draht oder Spachtelmasse aus der Dose eignen sich ebenfalls, um eine Grundstruktur herzustellen. Eine Struktur kann auch mit Hilfe von Pappmachee (Pulpe) gefertigt werden.

Die Acrylfarbe wird nach dem Trocknen der Strukturen direkt oder stark wasserverdünnt als Lasur aufgetragen werden. Dadurch wirken die Bilder entweder sehr farbintensiv oder pastellfarbig.

Bei einer Lasur werden mehrere Schichten Farbe übereinander aufgetragen. Damit die Farben nicht ineinander verlaufen, müssen die Schichten zwischen den Farbaufträgen gut trocknen.

Diese Technik ist auch für sehr schwer und mehrfach behinderte Menschen sowie sehbehinderte und blinde Menschen bei entsprechender Hilfestellung geeignet.

Lerninhalte:

- Farbauswahl
- Kreativität und Phantasie durch Farb- und Mustergestaltung
- Oberflächensensibilität beim Arbeiten mit den Fingern

- Tiefensensibilität
- Feinmotorik

Materialien und Werkzeuge:

- Leinwand oder Hartfaserplatte
- Pinsel oder Spachtel
- verschiedene Materialien wie Sand, Stoff, Pappe, Seidenpapier, Metallfolie, Pappmachee, Spachtelmasse, Netzverband, feiner Draht etc.
- Acrylfarbe
- Teller oder Schale
- Glas mit Wasser

Beschreibung der Technik:

- Leinwand oder Hartfaserplatte mit weißer Farbe bemalen
- Materialien auf den noch feuchten Untergrund aufbringen
- nochmals mit weißer Farbe übermalen
- trocknen lassen
- mit Acrylfarbe anmalen

Materialerfahrung:

- zügig arbeiten, denn Acrylfarbe trocknet schnell
- Papier wellt sich, besser Hartfaserplatte oder Leinwand benutzen

Mögliche Arbeitsaufträge:

- Male ein Bild, in das Sand eingearbeitet ist. Lege die Grundschicht in weiß an. Male eine Spirale mit dem Finger hinein. Male das Bild nach dem Trocknen in Lasurtechnik an.
- Bemale eine Leinwand mit weißer Farbe. Lege Seidenpapier auf das Gemalte. Male das Bild nach dem Trocknen in Lasurtechnik an.
- Lege Pappstücke auf eine weiß angemalte Hartfaserplatte. Übermale alles noch mal weiß. Gestalte die Hartfaserplatte nach dem Trocknen farblich.

Anwendungsmöglichkeiten:

Bilder

Seidenmalerei

Die leuchtenden Farben der Seidenmalerei und das edle Material der Tücher, das sind die Kennzeichen von Produkten, die ihren Schöpfern Anerkennung bringen. Auf so prächtige Stücke kann man stolz sein.

Zum Glück gibt es einfache Techniken der Seidenmalerei, die von Menschen mit Behinderungen selbstständig und ohne Hilfe ausgeführt werden können.

Beim dampffixierten Färben wird ein Seidentuch nass gemacht und z.B. zu einem schmalen Streifen gefaltet. Dann werden verschiedene dampffixierbare Farben satt aufgetragen, damit die Färbung auch das Innere des Tuchs erreicht. Die Farbe muss gut durchziehen und wird anschließend in der Mikrowelle fixiert. Das Tuch kann auch zu einem Schlauch gerollt, zu einer Kordel gedreht oder mit einem Knoten versehen werden.

Diese Techniken sind in einer Therapieeinheit durchführbar. Das hat den Vorteil, dass man das fertige Tuch sofort mitnehmen bzw. sogar tragen kann. Dampffixierbare Farben leuchten besonders schön.

Genauso wird mit bügelfixierbaren Farben verfahren. Allerdings trocknet dann das Tuch an der Luft und wird in einer späteren Einheit durch Bügeln fixiert. Manche Techniken, wie die Seidenmalerei (das Tuch dabei auf einen Rahmen spannen), die Salztechnik (ebenfalls auf Rahmen gespanntes Tuch, nach der Aquarellmalerei Salz aufstreuen) und die Zwirbeltechnik (gezwirbelte Spitzen aus der Seide herausdrehen und festbinden) lassen sich besser mit bügelfixierbaren Farben ausführen. Die Stücke sind zu groß und können daher nicht in der Mikrowelle getrocknet und fixiert werden.

Es ist auch möglich, auf Seide zu drucken oder zu malen, indem die Seidenmalfarbe mit einem Verdicker angedickt wird, damit sie nicht verläuft. Auch dies ist nur mit bügelfixierbaren Farben möglich.

Für die Technik der Seidenmalkarten wird die Seide auf durchsichtige Selbstklebefolie aufgezogen. Mit Gutta, einer latexhaltigen Substanz zur Konturgebung, wird ein Motiv gezeichnet. Dieses wird ausgemalt, zurechtgeschnitten und in eine Passepartoutkarte geklebt.

Fertige Seidentücher können auch als Bilder gerahmt werden.

Materialien und Werkzeuge:

- Seidentücher verschiedener Größe
- dampffixierbare Seidenmalfarbe mit Pipette
- bügelfixierbare Seidenmalfarbe
- Verdicker
- Einmalhandschuhe

- Pinsel
- Spachtel
- Stempel
- Schale mit Wasser
- Mikrowelle
- Bügeleisen, Bügelbrett
- Teller
- für Seidenmalkarten: Selbstklebefolie, Gutta, Passepartoutkarte, Kleber, Schere

Beschreibung der Techniken:

Dampffixierbare Färbung:
- Handschuhe anziehen
- Seidentuch nass machen
- auswringen
- anordnen (Kordel, Falten, Schlauch etc.)
- Seidenmalfarbe mit Pipette aufbringen
- Tuch auf den Teller legen
- Teller in Mikrowelle stellen, auf 600 Watt 2 Minuten einstellen, dann wenden, noch mal 600 Watt 2 Minuten. Das Tuch ist nun trocken und fixiert.

Bügelfixierbare Färbung:
- Handschuhe anziehen
- Tuch nass machen
- auswringen
- evtl. auf Rahmen spannen oder anordnen (Spitzen zwirbeln)
- Seidenmalfarbe mit dem Pinsel auftragen
- Tuch an der Luft trocknen lassen
- nach dem Trocknen bügeln, um die Farbe zu fixieren

Seidenmalkarten:
- Seide auf Folie aufziehen
- mit Gutta Motiv aufmalen
- Motiv mit Seidenmalfarbe ausmalen
- zurechtschneiden
- in die Passepartoutkarte kleben

Verdickertechnik:
- Farbe mit Verdicker andicken
- verdickte Farbe mit Pinsel auf Stempel oder direkt auf das Tuch aufbringen. Man kann auch mit einem Spachtel malen bzw. drucken!
- evtl. Stempel abdrucken

– Rest mit Seidenmalfarbe ausmalen
– an der Luft trocknen lassen
– mit Bügeleisen fixieren

Lerninhalte:

– Farb- und Technikauswahl
– Kreativität und Phantasie durch Farbgestaltung
– Feinmotorik
– Tiefensensibilität

Materialerfahrung:

– Seidenmalfarbe färbt sehr stark, Tragen von Einmalhandschuhen, um Verfärbungen der Haut vorzubeugen, ist unbedingt erforderlich, ebenso Kleiderschutz – Seidenmalfarbe lässt sich aus der Kleidung nicht mehr entfernen
– nicht zu viel Salz bei der Salztechnik auftragen, denn es zieht Farbe raus und das Tuch wirkt leer
– Farbe satt auftragen, besonders bei Kordel oder Falten, damit Farbe auch an die untersten Schichten kommt (sonst bleiben dort weiße Flecken)
– Farbe bei der Verdickertechnik nicht zu dick auftragen, da sie sich sonst nicht einbügeln lässt
– häufig kommt zu viel Gutta aus der Tube und hinterlässt ungewollt zu dicke Striche
– wenn die Gutta-Linie nicht dicht ist, läuft die Farbe aus

Mögliche Arbeitsaufträge:

– Fertige ein Tuch. Wähle Farben und Technik selbst aus.
– Fertige eine Seidenmalkarte zum Muttertag.

Anwendungsmöglichkeiten:

Tücher, Karten, Bilder

Zum Spüren, Schmücken und Schenken

Windräder aus Window Color (siehe Abb. 17)

Von klein auf kennen und lieben Menschen Windrädchen, die sich unermüdlich an einem Stab drehen. Wir probieren an ihnen aus, wie stark wir pusten müssen, bis die Windmühle anfängt, sich zu drehen und wie lange wir sie durch unseren Atem in Bewegung halten können. Das macht vergnüglich atemlos, und das Pusten fördert die Mundmotorik. Gehen wir mit der Windmühle in der Hand, dreht sie sich meist durch den Luftzug von selbst. Wir können die Windmühlen auch auf den Balkon in den Blumenkasten oder in den Garten stellen und zusehen, wie sie sich allein durch den Wind dreht. Bei wenig Wind kaum oder gar nicht, bei viel Wind dafür umso mehr.

Besonders interessant sind natürlich selbst hergestellte Windräder. „Das habe ich selbst gemacht," ist bei einem so hübschen Gegenstand ein guter Grund, stolz zu sein.

Das Selbermachen ist gar nicht so einfach. Es setzt viel Geschick und verschiedene Fertigkeiten voraus. Einige Menschen mit Behinderungen können nur mit der aus Tuben oder Flaschen fließenden transparenten Farbe Window Color malen. Andere können mit einer Schere sauber ausschneiden. Einige sind in der Lage zu lochen. Das Ausmessen und Aufmalen der Linien, sowie die Montage wird von der Ergotherapeutin übernommen.

Materialien und Werkzeug:

- dicke durchsichtige Folie
- Window Color (transparente Farbe)
- Draht
- Holzperlen
- Holzstab
- Schere
- Lineal
- Edding
- Zange
- Lochzange

Beschreibung der Technik:

- Folie mit Window Color bemalen
- 20 x 20 cm große Vierecke ausmessen, aufmalen und ausschneiden
- diagonal von allen 4 Ecken bis 2 cm vor der Mitte einschneiden
- in alle 4 Zipfel sowie in der Mitte der Folie mit der Lochzange ein Loch stanzen
- Draht an einem Ende zu einer kleinen Schlaufe biegen
- Holzperle auf den Draht aufstecken
- Löcher der Folie übereinander legen, dabei Zipfel zur Mitte hin eindrehen
- mit dem Draht durch die Löcher stechen
- dahinter zwei weitere Perlen aufziehen
- den Draht um den oberen Teil des Holzstabs wickeln

Lerninhalte:

- Kreativität und Phantasie durch Farbgestaltung
- Vorstellungsvermögen (Wie sieht eine fertige Windmühle aus?)
- aufeinander folgende Arbeitsschritte
- Tiefensensibilität und Feinmotorik durch Schneiden und Lochen
- Oberflächensensibilität durch unterschiedliche Materialien und Werkzeuge
- Hand-Auge- und Hand-Hand-Koordination
- Verbesserung der Mundmotorik durch Ausprobieren, ob die Windmühle auch funktioniert

Materialerfahrung:

Die Farbe lässt sich nur mit viel Kraftaufwand aus den Flaschen oder Tuben drücken

Mögliche Arbeitsaufträge:

Bemale die Folie mit einem Muster, z.B. geometrische Muster (z.B. Kreis, Dreieck), Linien (z.B. Schlangenlinien, Diagonalen, zu Schnecken gedrehte Linien), Tropfen, Punkten etc.

Anwendungsmöglichkeiten:

Windmühlen; Window Color bildet beim Trocknen eine Folie und ist vor allem für Fensterbilder geeignet

Serviettentechnik (siehe Abb. 18)

Mit der Serviettentechnik können alle möglichen Gegenstände dekoriert werden. Geeignet sind Papiere, aber auch Behälter aus Holz, Ton, Porzellan und Plastik wie z.B. Teller, Tassen, Blumenübertöpfe, Becher, Holzkästchen, Tabletts. Textilien (T-Shirts, Stofftaschen, Schürzen) lassen sich ebenfalls mit der Serviettentechnik verschönern. Durch die verschiedenen Serviettenmotive entstehen individuelle Dekorationsstücke und Geschenke. Die ganze Blumenfensterbank im Wohnzimmer kann so individuell gestaltet werden.

Zur Weihnachtszeit können Papiertüten mit Weihnachtsmotiven versehen werden. In diese werden dann die Geschenke verpackt. Oder es wird ein Blumentopf für ein Gesteck weihnachtlich dekoriert.

Zum Muttertag oder Valentinstag dagegen wird der Blumentopf mit Herzen versehen.

Möchte jemand etwas maritim dekorieren, greift er zu Servietten mit Fischen, Schiffen und Leuchttürmen. Zu Festtagen, z.B. zum Geburtstag könnte ein Motiv, das das Hobby des zu Beschenkenden zeigt, ausgewählt werden.

Zu beachten ist, dass Teller, Tassen und Becher reine Dekorationsstücke sind. Wenn sie mit Wasser in Berührung kommen, lösen sich die Motive ab.

Motive auf Textilien können sich bei der Wäsche ebenfalls ablösen. Vorsichtig per Hand waschen. Nicht wringen.

Materialien und Werkzeug:

- Papiertüten und Behälter aus Ton, Holz, Plastik
- bedruckte Papierservietten
- Spezialkleber für Serviettentechnik
- Schere
- Pinsel
- Acrylfarben

Beschreibung der Technik:

- Papiertüten oder Behälter mit Acrylfarbe anmalen
- Serviettenmotiv aussuchen
- Serviettenmotiv ausschneiden
- Serviettenschichten teilen (eine Serviette besteht aus drei Lagen, aber nur die oberste mit dem Motiv wird benötigt)
- wenn Papiertüten oder Behälter getrocknet sind, diese an der Stelle, wo das Motiv aufgeklebt werden soll, mit Kleber einstreichen

– Motiv andrücken
– mit dem Pinsel Kleber über das Motiv streichen

Lerninhalte:

– Entscheidungsfähigkeit durch Farb- und Serviettenauswahl
– Kreativität und Phantasie durch Gestaltung
– Farb- und Motivunterscheidung
– Hand-Hand- und Hand-Auge-Koordination
– Tiefensensibilität durch Schneiden
– Oberflächensensibilität durch unterschiedliche Materialien, Werkzeuge
– Kraftdosierung beim Kleber auftragen

Materialerfahrung:

– Das Zerteilen der Serviette ist schwierig.
– Zur Grundierung der Papiertüten und Behälter helle Acrylfarbe benutzen, sonst kommt das Motiv nicht richtig zu Geltung. Am Besten ist es, viel weiß beizumischen.
– Den Kleber vorsichtig über das Motiv streichen. Da die Serviette sehr dünn ist, reißt sie leicht ein. Eventuell mit Handführung arbeiten.
– Aufgeklebte Motive sind nicht wasserfest.

Mögliche Arbeitsaufträge:

– Male einen Tontopf mit Acrylfarbe blau an, beklebe ihn mit maritimen Motiven. Welche Motive sind dafür geeignet?
– Dekoriere ein Tablett im Landhausstil.
– Gestalte ein T-Shirt.
– Stelle einen Weihnachtsteller her und fertige dazu eine passende Geschenkpapiertüte.
– Dekoriere einen Blumentopf zum Valentinstag.

Anwendungsmöglichkeiten:

Dekorationsstücke (z.B. Blumenübertöpfe, Teller, Tassen, Becher), Geschenke, Geschenkpapiertüten, Karten, Tabletts, T-Shirts, Stofftaschen, Schürzen

Herzen zum Muttertag oder Valentinstag (siehe Abb. 19)

Üblich ist es, an diesen Tagen der Mutter oder der oder dem Liebsten einen Strauß Blumen zu schenken. Aber Blumen sind vergänglich. Was kann man sonst noch schenken? Pralinen und anderes Naschwerk sind genauso vergänglich wie Blumen. Wovon haben die Mutter oder die oder der Liebste länger etwas?

Als der Werkstattladen anfragte, ob wir für den Muttertag etwas zum Verkauf anbieten könnten, kam uns nach einiger Überlegung die Idee mit den Herzen.

Die floristische Variante, hergestellt aus Trockenblumen, verwarfen wir schnell wieder, denn solche Herzen werden mit der Zeit unansehnlich. Welches Material hält länger? Preiswert sollte das Material auch sein. Holz und Porzellan sind zu schwer, Plastik und Glas lassen sich schlecht bemalen. Wir entschieden uns für Styropor.

Die ersten Herzen wurden von den behinderten Menschen einfach nur mit Farbe und Streuflitter gestaltet.

Eine aufwändigere Variante ist, das Styroporherz mit Materialien, die eine Struktur ergeben (z.B. Pappmachee), zu bekleben. Dadurch wirkt das Herz noch plastischer.

Jedes Herz ist ein Unikat. Die Herzen eignen sich zur Dekoration von Blumentöpfen und Fenstern.

Materialien und Werkzeug:

- Styroporherzen unterschiedlicher Größe
- Acryl- oder Plakafarbe
- Schaschlikspieße und Metallstäbe
- Streuflitter
- Pinsel
- Glas (um Herz während des Trocknungsprozesses abzustellen)
- Schleifenbänder
- Heißklebepistole
- Schere

Beschreibung der Technik:

- Styroporherz auf Schaschlikspieß oder Metallstab spießen
- Herz anmalen
- noch feuchte Farbe mit Streuflitter bestreuen
- nach dem Trocknen Schleifenbänder anbringen

Variationen:
mit Kleister Küchenrollentücher, Seidenpapier oder Seidentuch (in Schnipsel gerissen oder geschnitten) auf das Herz kleben oder Pappmachee auftragen, sodass eine Struktur entsteht, Seidenmalfarbe statt Acryl- oder Plakafarbe verwenden, Plastikherz bekleben und anmalen (auch Serviettentechnik möglich), Herz aus Holz oder Porzellan verwenden

Lerninhalte:

- Feinmotorik beim Malen mit dem Pinsel
- Farbauswahl
- Hand-Hand- und Hand-Auge-Koordination
- Farbunterscheidung
- Figur-Grund-Wahrnehmung (Herz ist dreidimensional)

Materialerfahrung:

- Streuflitter aufbringen: Da die Dose keine Öffnungen wie ein Salzstreuer hat, können nur wenige behinderte Menschen diese Arbeit ausführen, weil die Dosierung sehr schwierig ist und leicht zu viel Streuflitter auf einmal und auf eine Stelle kommt.
- Die Schleife bindet ebenfalls die Ergotherapeutin. Sie bringt sie auch mit Hilfe der Heißklebepistole an (wegen der Verletzungsgefahr).
- Metallstäbe sind hübscher und haltbarer als Schaschlikspieße.
- Schaschlikspieße nur benutzen, um das Herz beim Anmalen zu halten.
- Ein Styroporherz kann auch aufgehängt werden, indem ein Loch hineingestochen und ein Faden darin festgeklebt wird.

Mögliche Arbeitsaufträge:

Gestalte ein Styroporherz mit aufgetragenem Material so, dass es eine Struktur bekommt und male es dann mit einer Farbe deiner Wahl an.

Anwendungsmöglichkeiten:

Geschenk zum Muttertag oder Valentinstag, Dekoration in Blumentöpfen oder Fenstern

Gel-Kerzen

Überall stehen sie in den Läden, die Gel-Kerzen. In Gläsern und mit allen möglichen Materialien drin. Gel-Kerzen lassen sich ganz einfach und kostengünstig herstellen, – hier folgt ein Vorschlag für die Osterzeit. Benötigt werden lediglich die Schalen aufgeschlagener Eier, d.h. Eierschalenhälften, und Gel-Kerzenwachs, das mit Pigmenten einfärbt ist. Mit diesen Gel-Kerzeneiern erstrahlt dann zu Ostern der Frühstückstisch. Gel-Kerzen eignen sich auch als Geschenke in den Osternestern.

Ein weiterer Effekt, der den Menschen mit Behinderungen Freude bereitet: Aus den aufgeschlagenen Eiern kann Rührei zubereitet werden. Dies hat einen lebenspraktischen Bezug. Küchenarbeiten sind bekannt und beliebt. Etwas schneiden, z.B. den Schnittlauch, dann in der heißen Pfanne rühren, – das sind Dinge, die nicht alltäglich geschehen, da das Essen meist aus der Großküche fertig anliefert wird. Sie haben deswegen einen sehr hohen Stellenwert. Gemeinsam wird das Rührei dann in fröhlicher Runde verspeist.

Materialien und Werkzeug:

- Eierschalen
- Gel-Kerzenwachs in verschiedenen Farben oder farblos
- bei farblosem Wachs Pigmente zum Färben
- Dochte
- Eierkartons
- alter Topf oder feuerfeste Glaskanne
- alter Kochlöffel
- Schere für Dochte in Meterware

Beschreibung der Technik:

- halbierte Eierschalen in Eierkartons stellen
- Gel-Kerzenwachs in Topf oder Kanne auf der Herdplatte auf kleiner Flamme erhitzen bis es flüssig ist, dabei wenig rühren
- nach Belieben Farbpigmente zufügen
- das flüssige Gel-Kerzenwachs in die Eierschalen gießen
- Docht in die noch weiche Masse stecken

Lerninhalte:

- Tiefensensibilität durch Halten des Topfes
- Figur-Grund-Wahrnehmung und Feinmotorik durch Gießen in die Eierschale
- Hand-Auge-Koordination
- Farbauswahl
- lebenspraktische Fähigkeiten

Materialerfahrung:

- Gel-Kerzenwachs nur erhitzen, nicht kochen
- auf kleiner Flamme erhitzen, damit der Wachs nicht anbrennt
- nicht zu stark rühren, da sich sonst Luftblasen in der Masse bilden
- Kanne oder Topf nicht zu voll machen; je schwerer der Topf oder die Kanne, desto schwerer ist der Gießvorgang, umso höher der damit verbundene Krafteinsatz
- Vorsicht: Verletzungsgefahr an heißem Wachs oder heißem Topf bzw. Kanne!
- Topflappen oder Handschuhe bereithalten. Evtl. Hilfestellung geben. Kaltes Wasser zum Kühlen und Brandsalbe für alle Fälle in der Nähe haben

Mögliche Arbeitsaufträge:

Fertige 15 Gel-Kerzen für das Osterfrühstück. Verwende dafür Wachs in verschiedenen Farben. Bereite aus den Eiern eine Mahlzeit.

Anwendungsmöglichkeiten:

Gel-Kerzeneier, Geschenk

Pappmaschee (siehe Abb. 20)

Pappmaschee ist ein sehr preiswertes, vielseitiges Medium.

Es gibt zwei unterschiedliche Techniken: die Pulp- und die Kaschiertechnik.

Die Pulptechnik ist die einfachere Technik. Bei ihr werden Zeitungsschnipsel und Kleister zu einer Masse verknetet. Aus dieser Masse werden dann Kugeln, Eier, Figuren etc. geformt. Hier sind der Phantasie keine Grenzen gesetzt.

Die Masse eignet sich auch zum Ausrollen und Ausstechen mit Formen wie beim Plätzchenteig, z.B. um Weihnachtsbaumschmuck herzustellen.

Kleine Kugeln, geformt und mit einem Schaschlikspieß durchstochen, eignen sich zur Kettenherstellung. Ein Faden wird durch die Löcher gezogen und fertig ist eine Kette oder ein Armband.

Aus großen Kugeln können Köpfe von Tieren oder Puppen geformt werden. Den Kopf innen aushöhlen und daran einen Hals formen, fertig ist der Kopf für eine Kasperlepuppe. Noch ein Kleid dazu nähen, und schon kann das Theaterspielen losgehen.

Bei der Kaschiertechnik werden die Zeitungsschnipsel in Schichten auf eine Form geklebt. Besonders beliebt sind bei den Menschen mit Behinderungen in unseren Ergotherapiestunden Schalen, vor allem in Sternform, weil darin die selbst gebackenen Weihnachtsplätzchen aufbewahrt werden können. Die Schalen werden mit Gold oder Silber dekoriert und sind auch ohne Inhalt eine Augenweide und dekorativ für jeden Tisch.

Für Laternenumzüge lassen sich mit Hilfe der Kaschiertechnik auch sehr schöne Laternen bauen. Dazu werden auf einen aufgeblasenen Luftballon mit Seidenpapier mehrere Schichten aufgetragen. Nach dem Trocknen wird oben in den Luftballon eine Öffnung geschnitten, der Ballon herausgeholt, ein Drahtbügel als Träger angebracht – fertig ist die Laterne. Durch das dünne Seidenpapier schimmert die Kerze besonders schön. Der Ballon kann auch seitlich aufgeschnitten werden und mithilfe von Tonkarton noch ein Gesicht, Füße und Hände bekommen. So entsteht z.B. ein Drache. Nur leicht aufgeblasene Luftballons eignen sich zur Herstellung von Teelichtern für die Dekoration bei einem Gartenfest.

Eine Steigerung der Gestaltungsmöglichkeiten, aber auch des Schwierigkeitsgrads besteht darin, die Kaschiertechnik auf einem Drahtgestell anzuwenden. Das ist auch als Gruppenarbeit möglich, indem z.B. eine Palme aus einem Drahtgestell gebaut und als gemeinsames Projekt fertig gestellt wird. Das Drahtgestell zu bauen, liegt eher im Aufgabenbereich der Ergotherapeutin, denkbar sind aber auch einfache Großformen, die gemeinsam hergestellt werden. Die Gruppenarbeit stellt nicht geringe Anforderungen an die kognitiven, die motorischen und auch an die sozialen Fähigkeiten.

Die aus der Masse geformten Teile bzw. die mit Kaschiertechnik bedeckten Formen müssen ein paar Tage an der Luft trocknen. Dann können sie mit Acryl- oder Plakafarben angemalt werden.

Für beide Techniken sind mehrere Therapieeinheiten notwendig.

Die Pulptechnik ist auch für blinde Menschen geeignet. Durch die breiige Masse wird der Tastsinn angesprochen.

Materialien und Werkzeuge:

- Zeitungspapier
- Acryl- oder Plakafarbe
- Kleister
- Schale als Modell oder Luftballons oder Maschendraht für den Unterbau
- Schüssel mit Wasser
- Schüssel um Kleister und Zeitungspapierschnipsel zu verkneten
- Schere
- diverse Pinsel

Beschreibung der Technik:

Pulptechnik:
- Zeitungen in Schnipsel reißen oder zerschneiden
- mit Kleister zu einer Masse verkneten
- aus der Masse Figuren, Kugeln etc. formen bzw. Masse ausrollen und mit Formen Motive ausstechen
- anmalen

Kaschiertechnik:
- Zeitungen in Schnipsel reißen oder zerschneiden
- Form mit 8-9 Schichten Papier bekleben, davon die erste Schicht nur mit Wasser (wird meist von der Ergotherapeutin ausgeführt), dann jede Schicht mit Kleister versehen. Wenn auf einem Drahtgestell gearbeitet wird, wird bereits die erste Schicht mit Kleister versehen.
- anmalen
- evtl. dekorieren, z.B. durch Stempeldruck

Variationen:
Kleister mit Pinsel auftragen bei Hypersensibilität, Zeitungspapier mit der Schere schneiden, wenn das Zerreißen nicht möglich ist

Lerninhalte:

- aufeinander folgende Arbeitsschritte
- Feinmotorik durch Zerreißen der Zeitung
- Hand-Auge-Koordination
- Tiefensensibilität durch Formen und Kneten
- Oberflächensensibilität durch Kleister an den Händen
- Verbesserung der Handmuskulatur durch Kneten und Formen
- Kräftigung der Muskulatur durch das Kneten und Formen der Pulpe
- Kreativität und Phantasie durch Form- und Farbgestaltung
- Farbauswahl

Materialerfahrung:

- Pulpe ist glitschig und schmierig, Verletzungsgefahr durch Ausrutschen, wenn etwas davon auf den Boden fällt
- dreidimensionales, großformatiges Arbeiten

Mögliche Arbeitsaufträge:

- Fertige mit Kaschiertechnik eine Schale, male sie mit Farben deiner Wahl an und dekoriere sie hinterher mit Stempeldruck.
- Fertige aus Pulpe einen Kopf für eine Kasperlepuppe, gestalte sie nach dem Trocknen mit Farbe, Haaren oder Fell.
- Fertige in Gruppenarbeit in Kaschiertechnik einen Kaktus als Dekoration für den Gruppenraum. Baue eine 100er Lichterkette ein, sodass man den Kaktus als Lampe benutzen kann.

Anwendungsmöglichkeiten:

Dekorations- und Gebrauchsgegenstände, auch als Geschenke geeignet, Teelichter, Laternen

Bodyshape

Mit einer Behinderung zu leben, bedeutet für viele Betroffene auch, einen problematischen Zugang zum eigenen Körper zu haben, etwa wegen zusätzlicher Erkrankungen und häufiger medizinischer Eingriffe oder wegen gegebener Funktionseinschränkungen (z.B. bei Spastik). Wir sprechen von einem gestörten Körperschema. Der Körper wird mitunter nicht richtig wahrgenommen. Meist fällt das erst auf, wenn Menschen sich überall stoßen oder wenn sie aufgefordert werden, ein Bild von sich selbst zu malen. Dann finden sich womöglich die Arme oder Beine direkt am Kopf wieder.

Beim Bodyshape wird ein Körperumriss hergestellt und dann weiter bearbeitet. Im Allgemeinen legt sich die Person dafür mit dem Rücken auf einen großen Bogen Papier (Tapete). Aber auch die Bauchlage ist möglich. Natürlich ist auch die Seitenlage durch- bzw. ausführbar.

Allein durch das ruhige Liegen beim Aufmalen des Körperkontur spüren die Menschen mit Behinderungen ihren Körper. Berührungen mit der Hand, die den Umriss zeichnet, verstärken diese Spürinformation. Das wird noch unterstützt, indem gefragt wird: Wo sind jetzt deine Hände, Arme, Beine ...? Wie liegst du?

Außerdem kann die Ergotherapeutin die Menschen mit Behinderungen nach dem Aufmalen der Kontur, bevor sie wieder aufstehen, bitten: Jetzt heb mal nur deinen Kopf an. Oder leg mal deine Arme hinter den Kopf bzw. ganz nah an die Hosennaht. Lege deine Beine übereinander. Hier gibt es unendlich viele Variationen an Stellungen, mit denen gleichzeitig das Körperschema beübt wird.

Wenn die Menschen mit Behinderungen sich nach dem Aufstehen die fertige Kontur ihres Körpers ansehen, sind sie meist sehr erstaunt über ihre Größe.

Das fertige Bodyshape hängen die Menschen mit Behinderung in ihrem Zimmer auf.

Materialien und Werkzeuge:

- Tapete
- Filzstift
- Plaka- oder Fingerfarben
- Pinsel

Beschreibung der Technik:

- Tapete auf Körpergröße ausrollen
- der behinderte Mensch legt sich auf die Tapete

– die Ergotherapeutin ummalt mit dem Filzstift die Konturen des Körpers
– Körperform farbig ausmalen

Variation:
anstatt mit Plakafarben kann man das Bodyshape auch mit Fingerfarben ausmalen

Lerninhalte:

– Körperschema
– Körperwahrnehmung
– Lage im Raum
– Bewegung
– Farbgestaltung
– Oberflächensensibilität beim Ausmalen mit Fingerfarbe
– Geduld und Ausdauer beim großflächigen Malen
– intensive Beschäftigung mit sich selbst

Materialerfahrung:

– Tapete rollt sich, daher muss man sie mit Klebeband auf den Boden kleben
– von oben nach unten malen, d.h. am Kopf anfangen, damit man sich nicht selbst beim Ausmalen mit Farbe beschmiert

Mögliche Arbeitsaufträge:

– Male deinen Körper auf der Tapete aus. Nimm dazu Fingerfarbe. Das Bild kannst du später in deinem Zimmer aufhängen.

Anwendungsmöglichkeiten:

– Selbstbildnis als Dekoration
– Selbstwahrnehmung des eigenen Körpers

Mandalas legen

Mandalas sind kreisförmige Bilder mit meist symmetrisch wiederkehrenden Mustern. In den Ergotherapiestunden entstehen die Mandalas in Gruppenarbeit, der Reihe nach legt jede Teilnehmerin und jeder Teilnehmer Elemente dazu. Mandala legen ist zu jeder Jahreszeit beliebt. Dabei kann auf die verschiedensten Materialien aus der Natur zurückgegriffen werden: im Frühjahr frische Blumen, im Herbst Blätter und Kastanien. Oder es wird ein Mandala zum Thema Meer auf Sand mit verschiedenen Muscheln gelegt. Die Materialien aus der Natur werden auf einem ausgedehnten Spaziergang gesammelt.

Besonders beliebt sind Mandalas mit Keksen zur Weihnachtszeit. Viel Freude und ganz viel Spaß bereitet ein Mandala nur aus Süßigkeiten, die man beim Abbauen aufessen darf.

Schön und entspannend ist eine entsprechende Musik dazu aus dem CD-Player. Zum Beispiel zur Weihnachtszeit Weihnachtslieder, die auch mitgesungen werden. Zum Meeresmandala eignet sich Wind und Wellrauschen. Wenn es um eine besinnliche Atmosphäre geht, kann vereinbart werden, dass beim Legen des Mandalas nicht gesprochen wird.

Das Mandala kann von außen nach innen oder von innen nach außen gelegt werden. Es kann später auch wieder auf die gleiche Art und Weise abgebaut werden.

Materialien und Werkzeuge:

- Naturmaterialien wie Steine, Muscheln, Blätter, Blumen
- Nüsse, Kekse, Süßigkeiten
- Unterlage aus Stoff, Karton, mit Sand
- CD-Player mit verschiedenen CDs

Beschreibung der Technik:

- in einem Stuhlkreis sitzen
- Materialien von außen nach innen oder innen nach außen auf den Boden legen, dabei immer nur ein Teil nehmen, dann ist der oder die Nächste dran

Lerninhalte:

- Phantasie und Kreativität bei der Gestaltung
- Spaß und Freude
- Entspannung
- Umwelterleben
- Bewegung

- Lage im Raum
- Hand-Auge-Koordination
- Materialauswahl
- vielfältige Wahrnehmung durch Farben, Formen, Muster, Strukturen, Gerüche, Geschmack und Geräusche
- Gruppenfähigkeit
- Umgang mit Emotionen
- gruppendynamischer Prozess (Umgang miteinander, wer ist zuerst an der Reihe, wer ist der oder die Nächste, Prozesse zulassen, z.B. wie gehe ich damit um, wenn jemand etwas verändert, wenn mir etwas nicht gefällt, wenn jemand vor mir das Material nimmt, das ich mir bereits ausgesucht hatte, dann ist Flexibilität gefragt)
- hoher Aufforderungscharakter

Materialerfahrung:

- Gesetzmäßigkeiten, Ähnlichkeiten, Spiegelbildlichkeit natürlicher Formen, z.B. von Blättern, Muscheln
- Süßigkeiten können klebrig sein, wenn man sie zu lange in der Hand hält, können sie schmelzen und schmierig werden
- Blätter und Blumen welken, sie sind nicht wiederverwendbar

Mögliche Arbeitsaufträge:

- Lege ein Mandala zum Thema Urlaub am Meer.
- Lege ein Mandala zum Thema Herbst.
- Lege ein Mandala aus den beim Spaziergang gesammelten Naturmaterialien.

Die Technik ist auch für blinde Menschen geeignet. Durch das Fühlen der unterschiedlichsten Materialien gewinnen sie einen Eindruck von den Gegenständen und werden basal stimuliert.

Knete und Farbe selbst herstellen

Bei der Arbeit mit Menschen mit Behinderungen habe ich immer wieder festgestellt, dass sie besonders zu Beginn des kreativen Gestaltens von Farben und Knete fasziniert sind, und da sie nicht wissen, was es ist, probieren sie das Material, indem sie es in den Mund stecken. Dies geschieht oft schneller als man gucken kann. Das ist natürlich nicht ungefährlich, denn viele Farben sind giftig.

Knete und Farben können selbst hergestellt – angerührt bzw. gekocht – werden. Auch dann wird nicht jede Farbe essbar – die Unterscheidung will gelernt sein! Durch das Kochen wird ein lebenspraktischer Bezug hergestellt. Menschen mit Behinderungen lieben es, in der Küche zu arbeiten. Das Abmessen von Zutaten per Tasse können auch Menschen mit schwereren Behinderungen, bei denen der kognitive Bereich nicht so gut entwickelt ist, ohne große Probleme ausführen.

Mit den Farben kann ein Gemeinschaftsbild hergestellt werden. Dazu wird ein großes Stück dickes Papier auf einen Tisch gelegt. Beim Malen wird nun um den Tisch herum gegangen, also die Position gewechselt bzw. verändert. So kann jederzeit in etwas bereits Gemaltes eingegriffen werden. Es läuft ein gruppendynamischer Prozess ab, in dem gelernt wird, wie man damit umgeht und wie man sich fühlt, wenn jemand anderes in das gerade selbst Gemalte eingreift.

Das fertige Bild wird gerahmt und im Gruppenraum aufgehängt.

Aus Knete kann jeder Figuren formen. Menschen mit schwereren Behinderungen können z.B. eine Kugel kneten. Auch Gruppenarbeit ist möglich, indem z.B. das Thema Tiere für den Zoo oder für den Bauernhof, vorgegeben wird.

Materialien und Werkzeuge:

- Farbe: siehe Rezept sowie Tasse, Topf, Esslöffel, Kochlöffel
- Knete: siehe Rezept sowie Schüssel, Topf, Kochlöffel, Esslöffel, Messbecher
- zum Malen diverse Papiere, z.B. Architektenpapier, Tapeten, Pappe
- Pinsel, Zahnbürsten, Spachtel, Kämme
- Gold- oder Silberflitter, Salz, Zucker, Sand, Sägespäne, Speisestärke zum Bestreuen
- Aromaöle, Zimt, Seife zum Beimischen als Duftstoff

Rezepte:

Farbe 1: 5 Tassen Wasser, 2 Tassen Mehl, ½ Tasse Zucker und 3 Esslöffel Salz gut verrühren und aufkochen, danach erkalten lassen; Farbpigmente, z.B. Farbpulver oder Lebensmittelfarbe einrühren

Farbe 2: 1 Tasse fertig angerührter Kleister und einen Esslöffel gemahlenen Kaffee zu einer Paste verrühren (Diese Paste eignet sich besonders fürs Malen auf Architektenpapier. Essbar ist sie nicht, obwohl sie gut riecht.)

Knete: Für 100 g braucht man:
400 g Mehl
200 g Salz
2 Esslöffel Alaunpulver (aus der Apotheke)
½ Liter kochendes Wasser
3 Esslöffel Speiseöl
1 Esslöffel Lebensmittelfarbe (aus der Drogerie)

In einer großen Schüssel werden Mehl, Salz und Alaunpulver vermischt. In das kochende Wasser werden das Speiseöl und die Lebensmittelfarben gerührt. Herd abstellen. Nun rührt man das Gemisch aus Mehl, Salz und Alaun dazu. Weiterrühren, bis der Knetteig lauwarm geworden ist, dann mit den Händen kneten. Ist die Knetmasse zu trocken, kann man noch etwas Öl dazugeben. In einer Plastiktüte aufbewahrt, hält die Knete sehr lange.

Lerninhalte:

- Feinmotorik durch Kneten
- lebenspraktische Fähigkeiten
- Vorstellungsvermögen beim Formen einer Figur
- Figur-Grund-Wahrnehmung
- Tiefensensibilität durch Rühren und Kneten
- Oberflächensensibilität durch Fühlen der Knetmasse
- Handmuskeltraining durch Rühren und Kneten
- Gruppenfähigkeit
- Steuerung der Emotionen beim gruppendynamische Prozess
- olfaktorische Wahrnehmung durch Duftstoffe in der Knete

Materialerfahrung:

- Farbe aus Farbpulver leuchtet besonders intensiv
- harte Knetmasse ist unbrauchbar
- Vorsicht mit kochendem Wasser: Verletzungsgefahr

Mögliche Arbeitsaufträge:

- Forme Kugeln.
- Forme ein Tier.
- Male mit anderen ein Gemeinschaftsbild. Verwende dazu unterschiedliche Materialien und Werkzeuge.

Anwendungsmöglichkeiten:

- Figuren und Gefäße zur Dekoration,
- Gemeinschaftsbild zur Dekoration des Gruppenraums

Das Arbeiten mit der Knete ist auch für blinde Menschen geeignet. Der Tastsinn wird stimuliert.

Prickeln

Prickeln ist eine Alternative zum Ausschneiden oder Reißen. Viele behinderten Menschen können nicht gut mit einer Schere umgehen, doch mit einer Nadel können sie sauber entlang einer Linie Löcher stechen. Diese Technik wird Prickeln genannt. Auf diese Art und Weise können Bilder bzw. Formen geprickelt werden, die man aus dem Papier herauslösen und weiterverarbeiten kann.

Die Motive werden beispielweise für Collagen, die sowohl in Einzelarbeit als auch Gruppenarbeit hergestellt werden, verwendet. Sie eignen sich auch zum Herstellen von Karten. Möglich ist es ebenfalls, die ausgeprickelten Motive zu lochen, und an einem Faden aufzuhängen. So könnte der Weihnachtsbaum mal auf andere Art geschmückt werden.

Alles was sie selbst machen können, ist für behinderte Menschen ein großer Schritt und ein Erfolg.

Prickeln können auch Menschen mit schwerer Behinderung. Allerdings ist darauf zu achten, dass sie sich nicht selbst verletzen, denn die Prickelnadel ist sehr spitz und deswegen nicht geeignet bei starkem Tremor oder Spastik. Vorsicht auch bei leicht reizbaren Menschen mit aggressiven Verhaltensweisen.

Materialien und Werkzeuge:

- Prickelset, bestehend aus Filzunterlage und Prickelnadel (aus dem Fachhandel)
- Papier oder Zeitungen mit Motiven zum Ausprickeln
- Klebestift

Variation:
Griffverdickung für die Prickelnadel

Beschreibung der Technik:

- entlang einer Linie das Motiv mit der Nadel ausstechen

Lerninhalte:

- Hand-Hand- und Hand-Auge-Koordination
- Feinmotorik
- Tiefensensibilität durch Stechen
- Steigerung des Kraftaufwands bei dickerem Papier

Materialerfahrung:

- je härter das Papier, umso schwerer ist es auszuprickeln
- originelle Verwendung vorgefundener Motive; Zeitschriften sind nicht nur Konsumgüter, sondern Quelle eigener Bildideen
- Verletzungsgefahr durch Abrutschen der Prickelnadel und Stechen der haltenden Hand

Mögliche Arbeitsaufträge:

- Prickele Motive von Menschen aus einer Zeitschrift aus und klebe daraus später mit anderen zusammen eine Collage zum Thema „Menschen aus aller Welt".
- Prickele weihnachtliche Motive als Dekoration für den Weihnachtsbaum aus.

Anwendungsmöglichkeiten:

Collage, Karten, Osterschmuck, Weihnachtsbaumschmuck

Marmorieren (siehe Abb. 21)

Marmorieren ist eine alte Technik, die im 17. Jahrhundert aus dem Orient nach Europa kam. Sie wurde vor allem von Buchbindern benutzt, die mit den bunten Papieren ihre Bücher bezogen. Marmorieren ist eine sehr einfache Form der Dekoration. Zum Marmorieren werden einige Tropfen Farbe auf eine Wasseroberfläche aufgebracht. Farbe wird dann mit einem Schaschlikspieß in große Schleifen oder Spiralen oder mit einem Kamm bzw. einer Gabel zu Linien verzogen.

Marmoriert wird hauptsächlich Papier. So entstehen individuelle Karten und Briefpapier.

Ganz in Farbe eingelegte Bögen Papier eigenen sich allerdings nicht immer als Briefpapier, weil die Schrift darauf nur noch schwer erkennbar ist. Es bietet sich an, nur die Ecken einzutunken.

Gut marmorieren lassen sich aber auch Kunststoffe oder Kerzen. Einfarbige Kerzen bekommen so eine individuelle Färbung. Marmorierte Eier aus Kunststoff sind eine hübsche Osterdekoration. Natürlich lassen sich auch ausgepustete Eier verwenden.

Mit Kunststoffeiern lässt sich schnell und leicht ein riesiger Osterstrauß oder Osterkranz herstellen. Damit dekorieren die behinderten Menschen dann selbständig ihren Gruppenraum im Wohnheim. Nun kann der Hase kommen!

Materialien und Werkzeuge:

- Marmorierfarbe auf Wasserbasis
- Papier
- Kunststoffeier
- Kerzen
- Eimer oder flache Wanne mit Wasser
- hohes Gefäß
- Folie
- Pipette
- Schaschlikspieß, Kamm, Gabel

Beschreibung der Technik:

- einige Tropfen Marmorierfarbe auf die Wasseroberfläche in Eimer oder Wanne aufträufeln, z.B. mit einer Pipette
- mit Schaschlikspieß verrühren
- Papier oder Kunststoffei (auf Schaschlikspieß gesteckt) eintunken und wieder hochnehmen
- Eierspieße zum Trocknen in ein hohes Gefäß stellen; Papier auf eine Folie legen

Variation:
Griffverdickung für den Schaschlikspieß

Lerninhalte:

- Freude und Spaß
- Kreativität und Phantasie
- Feinmotorik
- Hand-Auge-Koordination
- Farbauswahl
- Farb- und Mustergestaltung

Materialerfahrung:

- Aufträufeln der Marmorierfarbe auf das Wasser nicht überdosieren!

Mögliche Arbeitsaufträge:

- Fertige 20 Ostereier für einen Osterstrauß.
- Stelle 20 Bögen Briefpapier her (hierfür nur eine Ecke marmorieren).
- Marmoriere eine Kerze.

Anwendungsmöglichkeiten:

Briefpapier, Karten, Osterdekoration, Kerzen, Puzzle, Geschenk- oder Einwickelpapiere

Collagen (siehe Abb. 16)

Viele Menschen haben einen Sammeltick. Auch behinderte Menschen sammeln gern kleine Gegenstände. Sie legen sie in Kästchen, und ab und zu werden sie herausgeholt und angesehen. Eine Muschel aus dem Urlaub, Kastanien, eine getrocknete Blüte, vielleicht eine Kinokarte, ein Strohstern von Weihnachten. Kleine Schätze – die persönlich wichtig sind und die sich für eine Collage nutzen lassen.

Aber auch im Papierkorb kann man einiges an solchen kleinen Dingen finden. Sachen, die andere Menschen achtlos weggeworfen haben, wie Verpackungsmaterial, Styroporflocken, Plastikfolien und vieles mehr. Vieles findet sich in der Natur. Die Küche kann auch zum Fundort werden: Filtertüten, Küchenrolle, Getreidekörner und Hülsenfrüchte eignen sich ebenfalls für Collagen. Im Keller finden sich Schätze: Nägel, Schrauben, Tapetenreste etc. Natürlich lässt sich eine Collage auch ganz einfach aus Bildern einer Illustrierten herstellen.

Eine optisch besonders schöne Collage entsteht, wenn nach der Zusammenstellung, alles mit selbstgemachter Kleisterfarbe (aus Kleister und Farbpulver) überzogen und mit Silber oder Goldflitter bestreut wird.

Materialien und Werkzeuge:

alle möglichen Werkstoffe wie Blätter, Muscheln, Geschenkpapier, Tapetenreste, Metallfolie, Seidenpapier, Transparentpapier, Buntpapier, Illustrierte, Pappe, Körner, Gold- und Silberflitter, Wollreste, Kastanien, getrocknete Blumen, Nägel, Schrauben, Filtertüten, Küchenrolle

- Schere
- Kleister oder Klebestift
- Pinsel
- ein großer Bogen Tonpapier

Beschreibung der Technik:

- verschiedene Materialien auf Tonkarton kleben
- Papier dabei reißen oder schneiden
- Kleister mit dem Pinsel oder mit den Fingern auftragen
- evtl. punktgenau mit dem Klebestift arbeiten

Variation:
statt einer Illustrierten Zeitungen verwenden, die mit Wachsmalstiften angemalt werden

Lerninhalte:

- Freude und Spaß
- Kreativität und Phantasie durch Farb- und Formgestaltung
- Feinmotorik durch Schneiden oder Reißen des Papiers
- Materialauswahl
- Farb-, Form-, Struktur- und Materialunterscheidung
- Umwelt erleben
- Figur-Grund-Wahrnehmung
- Tiefensensibilität
- Oberflächensensibilität durch unterschiedliche Materialien
- Gruppenfähigkeit
- Emotionen beim gruppendynamischen Prozess

Materialerfahrungen:

- Seidenpapier färbt stark ab
- dicke Materialien lassen sich schlecht schneiden und reißen
- nicht alles lässt sich gut ankleben, besonders bei zu kleiner Klebefläche

Mögliche Arbeitsaufträge:

Erstellen einer Collage zum Thema „Urlaub“ in Gemeinschaftsarbeit.

Anwendungsmöglichkeiten:

Bild zur Dekoration der Wohngruppe

Selbst gemachte Perlen

Aus Bildern der verschiedensten Maltechniken können Perlen gefertigt werden. Am besten eignen sich allerdings Bilder in Spachteltechnik (siehe Beschreibung unter Maltechniken), weil damit besonders schöne Muster entstehen. Möglich wäre aber auch gekauftes Papier, z.B. Buntpapier oder Geschenkpapier.

Jede Perle ist von der Farbgestaltung her ein Unikat. Einige wenige Perlen, am besten eine ungerade Zahl, werden auf ein Lederband gezogen. Das Lederband kann auch gänzlich mit Perlen ausgefüllt werden. So lassen sich sowohl Ketten als auch Armbänder fertigen.

Für das Fertigen der Perlen wird eine Therapieeinheit benötigt. Die Bilder in Spachteltechnik oder einer anderen Technik werden vorher in einer anderen Therapieeinheit hergestellt.

Die Ergotherapeutin malt lange, schmale Dreiecke auf das Papier. Diese müssen ausgeschnitten werden. Evtl. muss die Ergotherapeutin auch diese Arbeit übernehmen. Das Rollen der Papiere über einen Schaschlikstab erfordert einiges motorische Geschick. Für behinderte Teilnehmer(innen) mit Spastik und Tremor ist diese Technik daher nicht geeignet.

Materialien und Werkzeuge:

- farbige Papiere
- Schere
- Schaschlikspieß
- Kleister
- Pinsel
- Band

Beschreibung der Technik:

- Ausschneiden der aufgemalten Dreiecke
- Dreieck auf der weißen Seite mit dem Pinsel mit Kleister einstreichen
- Schaschlikspieß am breiteren Ende mittig auflegen
- Papier aufrollen
- Schaschlikspieß herausziehen
- Perle trocknen lassen
- Perlen auf Band zu einer Kette aufziehen

Lerninhalte:

- Papierauswahl
- Figur-Grund-Wahrnehmung
- Hand-Hand- und Hand-Auge-Koordination
- Feinmotorik und Tiefensensibilität beim Ausschneiden und Aufrollen der Perle

Materialerfahrung:

- die Ränder und die Spitzen der Dreiecke gut mit Kleister bestreichen
- Schaschlikspieß beim Aufrollen in der Waagerechten halten

Mögliche Arbeitsaufträge:

- Fertige ein Armband. Fertige so viele Perlen wie nötig, damit das Band locker den Arm umschließt.
- Stelle eine Kette mit drei Perlen her.

Anwendungsmöglichkeiten:

Ketten und Armbänder

Hinweis für die Ergotherapeutin bezüglich der Dreiecke:

- Din-A-4 Bogen quer vor sich legen
- Striche in 2 cm Abstand quer über das Papier zeichnen. Es entstehen lange Rechtecke.
- Teile diese zu Dreiecken, indem ein Querstrich von unten links nach rechts oben gezogen wird, so entstehen aus einem langem Rechteck zwei Dreiecke.

Abb. 1: Stempeldruck

Abb. 2: Handdruck

Abb. 2: Rolltechnik

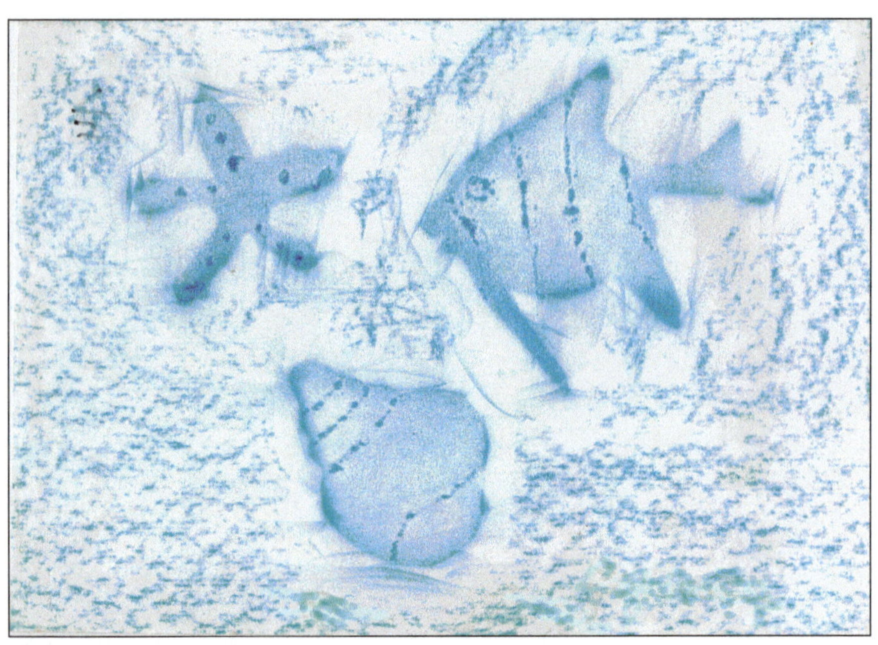

Abb. 4: Rubbeltechnik

Abb. 4: Wachsbatik

Abb. 6: Wachsradieren

Abb. 7: Wachswischtechnik

Abb. 8: Sgraffito

Abb. 9: Pastellkreide

Abb. 10: Pastellkreide

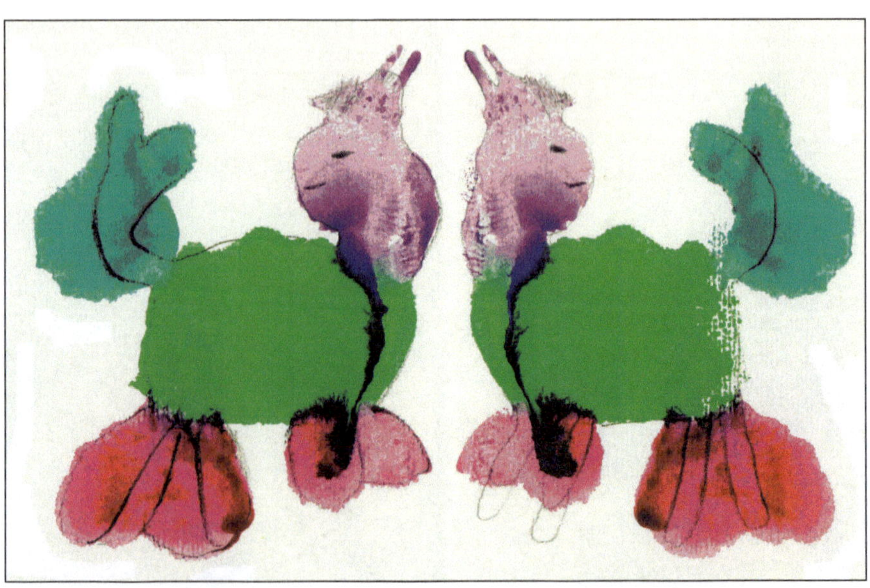

Abb. 11: Abklatschtechnik

Abb. 12: Fadengrafik

Abb. 13: Pustetechnik und Fingerdruck

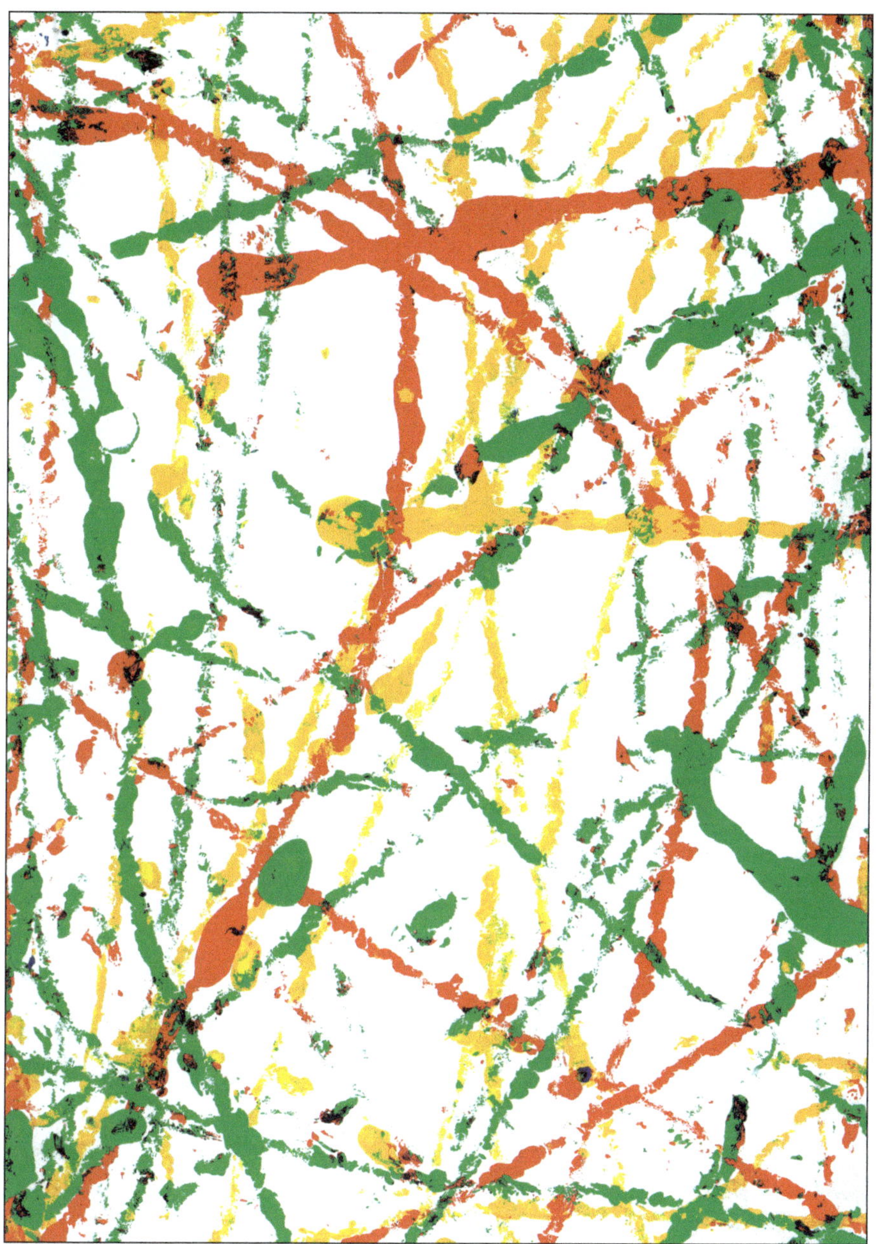

Abb. 14: Kugeltechnik

Abb. 15: Spachteltechnik

Abb. 16: Materialbild/Collage

Abb. 17: Windrad aus Window Color

Abb. 18: Serviettentechnik

Abb. 19: Styroporherzen

Abb. 20: Tiger aus Pappmaschee

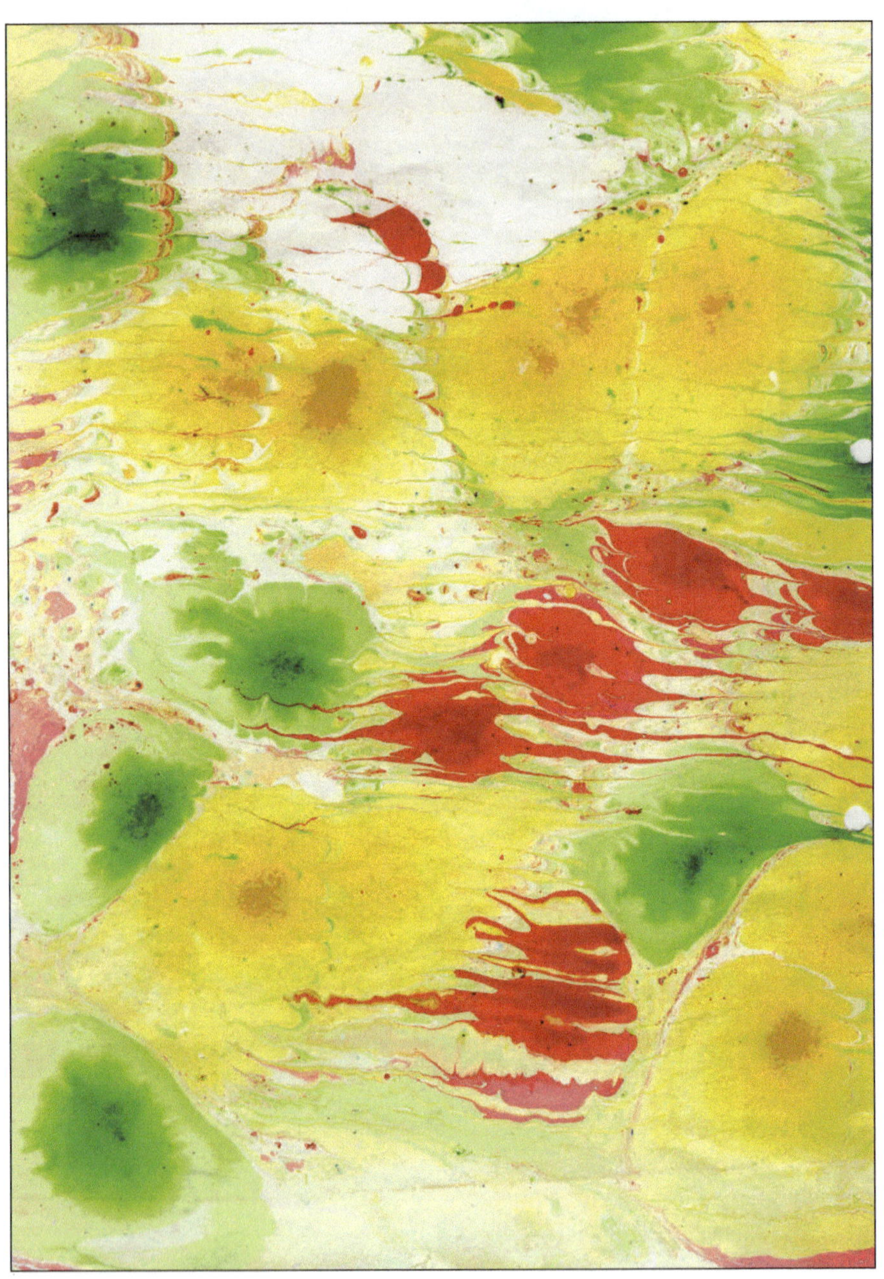

Abb. 22: Marmorieren